Andreas Brenner

—

Das Ende des Wokeismus

für Angeli & Yonatan

Andreas Brenner ist Professor für Philosophie an der Universität Basel und der Fachhochschule Nordwestschweiz, FHNW in Basel. Wichtigste Buchveröffentlichungen: „CoronaSoma"; „CoronaEthik"; „Altern als Lebenskunst"; „WirtschaftsEthik" und „UmweltEthik".

Andreas Brenner

Das Ende des Wokeismus

Königshausen & Neumann

Bibliografische Information der Deutschen Nationalbibliothek

Die Deutsche Nationalbibliothek verzeichnet diese Publikation in der Deutschen Nationalbibliografie; detaillierte bibliografische Daten sind im Internet über http://dnb.d-nb.de abrufbar.

Gedruckt auf säurefreiem, alterungsbeständigem Papier
Umschlag: skh-softics / coverart

Printed in Germany

ISBN 978-3-8260-8740-0
eISBN 978-3-8260-8741-7

www.koenigshausen-neumann.de
www.ebook.de
www.buchhandel.de
www.buchkatalog.de

Inhaltsverzeichnis

1. Gespenster und Gespinste

Innerhalb weniger Jahre hat sich das öffentliche Leben in Europa und den USA deutlich gewandelt. Eine neu entstandene Sprachpolitik hat neue Sprechregeln, neue Sprechverbote und sogar Kulturverbote erlassen. So gilt es neu als nicht mehr opportun, das Wort „Mutter" zu benutzen, auf der sicheren Seite ist man, wenn man stattdessen von einer „gebärenden Person"[1] redet. Verboten ist es, von zwei Geschlechtern zu reden, geboten, von den vielen oder einem fluiden Geschlecht zu sprechen. Verboten ist es, das Werk von Karl May aber auch bestimmte Oratorien Händels zu genießen und wer in einer „Mohrenstraße" wohnt, sollte sich an einer Umbenennungs- oder zumindest Schildüberklebungsaktion beteiligen.

Begriffe, die bis anhin in ganz anderen Bereichen eine Rolle spielten, beispielsweise an Flughäfen, regeln und reglementieren nun auch das Leben derjenigen, die am Boden bleiben: Überall wird jetzt *gecancelt* oder es werden *Schutzräume* angeboten. Die Kultur des Cancelns, die also nicht länger auf die Anzeigetafel im Flughafen beschränkt bleibt, kann mittlerweile aber genau so wirken: So wie ein Flug plötzlich von der Anzeigetafel verschwindet, so verschwinden ganz unvermittelt Vortragstitel aus den Programmen der Veranstalter. Wer sich getraut, nachzufragen, wird dann dieses mächtige Wort zu hören bekommen: „gecancelt".

Wo aber Vortragstitel gestrichen werden, da werden auch Menschen, die diese Vorträge halten wollten, gestrichen. Und wo Menschen aus Veranstaltungsprogrammen gestrichen werden, da werden sie häufig auch noch in anderen Bereichen gelöscht. Und so haben in den letzten Jahren viele Menschen ihre Existenzgrundlage verloren: Wissenschaftler und Wissenschaftlerinnen, die beispielsweise Positionen vertraten, die von der Transgender-Bewegung abgelehnt werden, haben ihre Jobs an der Universität ebenso verloren, wie Musiker, die wegen ihrer Haartracht als „unmöglich" bezeichnet wurden, um ihre Auftrittsmöglichkeiten gebracht wurden. Neu an dieser Entwicklung ist, dass sich diese Fälle nicht etwa in atheistischen Diktaturen oder in selbsterklärten Gottesstaaten ereignen, sondern in Demokratien westlichen Typs.[2]

Was bis vor kurzem noch als Zensur betrachtet worden wäre, gehört inzwischen zum guten Ton und zum Beweis moralischer Integrität. Wer sich nicht unmöglich machen will, wird entsprechend genau hinhorchen, was zu sagen, opportun ist und vor allem penibel alles vermeiden, was von der neuen Kultur geächtet wird. Um es mit einem Wort zu sagen: Man muss in der neuen Kultur des Wokeismus *woke* sein.

Das ist aber leichter gesagt als getan. Selbst wer ganz willfährig ist und dem neuen Sprachregime keinen Anlass zur Empörung geben will, kann den Zorn des Wokeismus hervorrufen. Denn das Problem und die Herausforderung des Begriffs besteht darin, dass man in einer Zeit hoher gesellschaftlicher Dynamik eigentlich immer erst im Nachhinein weiß, was denn woke ist.

Aber ein paar Themen kann man sich schon einmal merken, so dass es einem hilft, zumindest versuchsweise auf der richtigen Seite zu stehen. So gilt es beispielsweise als neuer Standard die Worte „Europa" oder „weiß" (gemeint ist die Hautfarbe) nur noch mit einem moralischen Vorbehalt zu nennen. Apropos Hautfarbe: Galt es bis zum Auftreten dieser neuen Bewegung als moralisch falsch und ethisch verwerflich, die Hautfarbe einer Sprecherin oder eines Autors zu thematisieren, so gilt dies im Wokeismus häufig schon als geboten. Zu den mittlerweile nur noch abschätzig zu verwendenden Begriffen zählt auch der der *Aufklärung*. Die Aufklärung und das heißt auch ihre Vordenker, sind neu ebenso als Verursacher von Ausbeutung und Unterdrückung wie auch als Begründer eines sträflichen Individualismus verschrien. Um sich von dieser zur Irrlehre erklärten Kultur zu befreien, empfiehlt der Wokeismus eine Orientierung an Kollektiven. Wer sich den vom Wokeismus als unbescholten und das heißt als Opfer-Kollektiven anerkannten Gruppen zugehörig fühlt, der ist in der woken *Identitätspolitik* auf der guten Seite. Damit findet ein weiterer Bruch mit der bisherigen westlichen Gesellschaft statt: Das erste Kriterium zur Beurteilung eines Menschen ist nicht länger seine individuelle Tat, sondern seine Herkunft. Deshalb gelten nun gewisse Identitäten oder „Stämme" von vornherein als schuldig: Wer „europäisch", „weiß" und „Mann" ist, zählt bis auf weiteres zum Täterkollektiv und sollte, wenn er nicht gleich verstummt, sich nur noch in der Form von Selbstbezichtigung äußern. Da diese Menschen, selbst wenn sie zum Schweigen gebracht sind, ja immer noch da sind, baut der Wokeismus zusätzlich permanent an Schutzräumen. Die *Safe Spaces* sollen verhindern, dass Menschen, die den Opfer-Kollektiven zugeordnet werden, den Nachfahren der Täter-Kollektiven ausgesetzt werden. Das erscheint deshalb geboten, weil diejenigen, die als geborene Mitglieder von Täter-Kollektiven gelten, beispielsweise weiße Männer, nicht nur mit einer Erbschuld beladen sind, sondern selbst aktiv Schuld anhäufen.

Da sich der Wokeismus an Kollektiv-Identitäten orientiert, unterstellt er den sogenannten Täter-Kollektiven, dass sie mit ihren bösen Gedanken und Einstellungen weiter die Angehörigen von Opfer-Kollektiven verletzten. Diesen wiederum unterstellen die woken Guards, dass sie sich nicht selbst gegen die vermeintlichen Angriffe ihrer vermeintlichen Gegner wehren könnten. Deshalb werden die Schutzräume eingerichtet. Und weil die einen kraft ihrer Herkunft aggressiv und böse und die anderen kraft ihrer Herkunft unfähig zur Selbstbehauptung und Selbstverteidigung sind, gilt es dem Wokeismus nicht als rassistisch, sondern als fürsorglich, wenn Menschen einer bestimmten Hautfarbe vom Museumsbesuch ausgeschlossen werden.[3]

Diese komplette Neuausrichtung der gesellschaftlichen Orientierung geht, wie könnte es anders sein, nicht leise von statten. Wenn Menschen ihren Job verlieren oder mit Auftrittsverboten belegt werden, dann wird es laut und dies weniger, weil die so Geschassten sich laut wehren würden – was eher selten der Fall ist –, sondern weil diese Formen der Exekution bürgerlicher Existenz Vorbild- und Warnfunktion haben soll. Die laute Inszenierung der Vernichtung von Menschen ähnelt daher den als öffentliche Spektakel organisierten Hinrichtungen wie sie bis vor zweihundert Jahren in Europa gang und gäbe waren. Wenn beispielsweise auf der Place de Grève vor der grandiosen Kulisse des Pariser Rathauses ein Mensch geköpft wurde, so war die Stadt bereits lange zuvor über die Niedertracht des Kandidaten informiert und das herbeigeeilte Volk konnte in dessen spektakulärer Vernichtung die laute Bekräftigung der herrschenden Sitte studieren. Ganz ähnliche Spektakel finden im Zeitalter des Wokeismus statt. Dass es auch hier laut zu und hergeht, wundert nicht, sieht der Wokeismus doch die Gesellschaft in einem dauernden Ausnahmezustand. Da dieser für die neue Kultur von existentieller Bedeutung ist, gilt es diesen zu erhalten, was dadurch möglich ist, dass immer wieder neue Empörungen hervorgerufen werden. Die „dauererregte Gesellschaft“[4] ist daher eine per se laute Gesellschaft, in der die eine Empörung von der nächsten noch größeren und noch lauteren abgelöst wird.

Wer sich demgegenüber eine ruhigere Gesellschaft wünschen würde, etwa mit dem Argument, dass sich bei zu viel Lärm nicht gut denken lässt, riskiert ebenfalls gecancelt zu werden. Wer gecancelt wird, auch das ist das Neue an der neuen Kultur, erhält selten eine Begründung dafür, dass er mundtot gemacht wird und eine Berufungsinstanz ist erst recht nicht vorgesehen. Wenn aber derjenige, der sich mit obigem Argument gegen den Empörungslärm gewendet hat, dennoch ausnahmsweise einmal einen Grund genannt bekäme, warum er gecancelt wurde, so hieße es wohl, dass er historisches Unrecht und Verbrechen leugnen und sich einer Debatte darüber entziehen wolle. Eine solche Erklärung, so es sie denn gäbe, wäre doppelt irritierend, scheut doch der Wokeismus sowohl eine Debattenkultur wie sie von der Aufklärung entwickelt wurde, als auch die gründliche historische Analyse. Der lärmige Wokeismus meidet denn auch in der Regel das Gespräch und schätzt stattdessen die klare Ansprache und eine eindeutige Verurteilung.

Die Entwicklung des Wokeismus ist für die jüngere Geschichte ohne Beispiel. Macht man sich auf die Suche nach historischen Parallelen ähnlicher Aufregungen, mag man auf einen Satz stoßen, mit dem vor 175 Jahren ein einzelner Autor die Eliten in Europa erschreckte, in dem er schrieb: „Es geht ein Gespenst um in Europa." Den Wokeismus mit diesem Schrecknis zu vergleichen, ist indes aus zwei Gründen fraglich: Zum einen gibt es anders als beim Kommunistischen Manifest, das mit diesem Satz beginnt, nicht einen konkreten Autor; die Autorschaft des Wokeismus verteilt sich auf viele Bewegungen und Ansätze. Zum anderen gleicht der Wokeismus weniger einem Gespenst als eher einem Gespinst. Anders als die den Menschen in Angst und Schrecken jagenden Wesen aus einer anderen Welt, sind die feinen Fäden, in der sich die Gegenwart zunehmend verstrickt, durchaus diesseitig. Wer sich fragt, warum das Gespinst des Wokeismus eine solche Macht erlangt hat, der wird bald einmal sehen, dass die Fäden, die uns allmählich umgarnen, zwar dünn und letztlich zerreißbar sind, aber dennoch aus einem starken Gewebe bestehen, dem der Moral. Wie es zu diesem Verbund gekommen ist, soll im Folgenden diskutiert werden.

2. Ein buddhistischer Meisterdenker, der im Hintergrund bleibt

Zeitlebens haderte Arthur Schopenhauer mit seiner fast völligen Wirkungslosigkeit, sowohl auf die Entwicklung der Philosophie als, wohl noch schlimmer für ihn, auf die Welt. Da war der viel komplizierter schreibende Kant mit Abstand erfolgreicher. Und auch heute ist es so: Philosophie studieren, ohne sich mit dem Werk des Königsberger Philosophen auseinanderzusetzen, ist ein Ding der Unmöglichkeit, was für das Werk des Frankfurters eindeutig nicht gilt. Seminare, die ihm gewidmet sind, sind eine Seltenheit, überlaufen sind sie dennoch nicht. Mit Blick auf die Weltwirksamkeit sieht die Sache aber dann schon anders aus: Hier hat Schopenhauer in den letzten Jahren die Konkurrenz abgehängt und das gilt nicht nur in Bezug auf Kant, sondern auch auf den bis vor Kurzem noch allgegenwärtigen Utilitarismus. Eines müsste dabei der philosophische Dauerpessimist indes verkraften, wäre ihm ein Blick auf seine späte Wirkung gegönnt: Bekannt ist er trotz seines Erfolges immer noch nicht. Niemand nennt den Namen des Frankfurter Buddhisten, wenn die Rede von einer in den USA entworfenen Geisteshaltung ist, die dabei ist, einen globalen Siegeszug hinzulegen.

Noch nicht einmal die Sprache vermittelt einen Hinweis auf seinen Urheber, redet doch die neue dominant gewordene kulturelle Bewegung amerikanisch statt deutsch. Dass sich auch im deutschen Sprachraum der Begriff *woke* verbreitet hat, mag auch schlicht daran liegen, dass das deutsche *Wachet auf!* oder kurz *Erwache!*, und hier bietet sich schon wieder das

Amerikanische an, etwas *strange* klingen würde. Amerikanisch läuft es aber ganz gut und geschwind und deshalb will heute fast jeder woke sein und sich nicht länger Gedanken nach dem Woher und Warum machen. Dabei macht es Sinn, sich diese Fragen zu stellen und dabei dann auch zu sehen, dass der *Wokeismus* eigentlich ein *Schopenhauerismus* ist.

„Verletze niemanden!“

Vor knapp zwei Jahrhunderten reichte Arthur Schopenhauer bei der Dänischen Societät der Wissenschaften seinen Beitrag für das wissenschaftliche Preisausschreiben ein, mit dem er die Ethik auf eine neue Grundlage stellen wollte. Auch diesmal hatte Schopenhauer kein Glück, denn, obwohl der einzige Einsender, blieb ihm die Auszeichnung verwehrt. Für dieses schmachvolle Ergebnis mag es mehrere Gründe gegeben haben. Vielleicht galt Schopenhauers Ansatz neben der die Debatte bestimmenden Ethik Kants schlicht als zu simpel gestrickt, als dass man sich in Kopenhagen auch nur ernsthaft damit auseinandersetzen wollte. Vielleicht erschien die Schopenhauersche Formel des *Neminem Laede* auch als verwirrend. Denn die nach dem christlichen Nächstenliebe-Grundsatz konzipierte neue Grundlegung der Ethik aus dem Munde eines bekennenden deutschen Buddhisten hatte doch etwas Verstörendes an sich. Außerdem versagte sich Schopenhauer sowohl Rücksicht auf Autoritäten wie auf einen angemessenen Ton und beschuldigte Kant, die Ethik auf ein „bequemes Ruhepolster“[5] gebettet zu haben, auf dem sie schlicht jede Kraft und Energie zu verlieren drohe. Schlimmer noch: das Kantsche Ruhepolster sei zu einem Faulbett verkommen, auf dem sich allerlei Gestalten fläzten. Nicht zuletzt mokiert sich Schopenhauer, der im Unterschied zu Kant doch auch ein

Herz für Tiere hatte, dass sich in der kantschen Begrifflichkeit nun sogar die Esel wälzten.[6] Was es demgegenüber brauche, sei eine eindeutige und klare Orientierung, die Schopenhauer in seiner Formel des Neminem laede zu geben verspricht: „Verletze niemanden; vielmehr hilf allen, soweit du kannst."[7] Einfacher geht es wohl nicht, – anspruchsvoller aber auch nicht. Denn die Schopenhauersche Regel wiederholt nicht einfach die Goldene Regel „Was Du nicht will, dass man Dir tu, das füg auch keinem anderen zu", sondern enthält neben einer negativen Unterlassenspflicht auch eine positive Leistungspflicht. Das ist neu und das ist anspruchsvoll.

Aber auch die Unterlassenspflicht ist nicht ohne, ist sie doch lediglich mit Blick auf die harten Fälle unumstritten. So besteht ein weitgehender Konsens darüber, dass schwere Gewalt eine Verletzung bedeutet und entsprechend besteht Einigkeit darüber, dass eine solche zu vermeiden ist. Ihr Fundament findet diese Übereinstimmung in der Goldenen Regel: Da niemand Opfer einer Gewalttat werden möchte, wird eine solche allgemein als eine Verletzung angesehen, die zu unterlassen ist und die ethisch und rechtlich geächtet ist. Und diese Ächtung gilt, da sie weitgehend allgemein vertreten wird, als objektiv. Bei weniger drastischen Fällen wird es schwer bis unmöglich, einen Konsens zu finden. Besteht zwar Übereineinstimmung darin, dass eine Beleidigung eine Verletzung darstellt, so ist nicht allgemein klar, was denn eine Beleidigung ist. Und selbst wenn man hier eine Übereinstimmung findet, ist nicht allgemein einsichtig, welches Gewicht einer Beleidigung zukommt. So kann eine unterlassene Begrüßung die Spannweite von Nachlässigkeit, über Unhöflichkeit bis zum persönlichen Angriff umfassen; letzteres galt denn auch einmal, zumindest in bestimmten Kreisen, als ein legitimer Grund für eine Duellforderung.

In Ermangelung eines eindeutigen und d.h. objektiven Kriteriums zur Bestimmung einer Verletzung könnte man nun den Anspruch auf Objektivität aufgeben und die Entscheidung ins Subjektive verlegen. Für diesen Schritt spricht nicht nur die Tatsache, dass eine allgemeine Übereinkunft schwer zu finden ist, sondern auch der Begriff der Verletzung selbst. Denn Verletzungen haben eine subjektive Dimension: Individuelle Menschen erleben in einer Verletzung ein konkretes und subjektives Leid. Die Anerkennung dieses Leids ist nicht nur die Voraussetzung dafür, die entsprechende Leidursache zu unterbinden, sondern wirkt bereits durch ihre Anerkennung leidlindernd. Zusätzlich darf man hoffen, dass durch die Anerkennung des Leids, eine weitere Verletzung, welche aus der Ignoranz gegenüber dem erfahrenden Leid entstünde, vermieden würde.

Aus der Tatsache, dass Verletzungen subjektiv empfunden werden, sollte man aber nicht in jedem Falle einen subjektiven Begriff von Verletzung ableiten. Das zeigt sich vor allem und scheinbar paradoxerweise ausgerechnet bei den Verletzungen, welche nicht, oder nur schwer, objektiv bestimmbar sind, also jene negativen Einwirkungen auf den Menschen, die nicht physisch messbar sind. Ist der Angriff auf den Körper des Menschen in seiner physischen Eingriffstiefe eindeutig beschreibbar – beispielsweise der ausgeschlagene Zahn bei der Wirtshausschlägerei –, so ist der Verletzungsgrad des vorangegangenen Wortgefechts viel schwerer zu taxieren. Die drastische und in beleidigender Absicht ausgestoßene Beschimpfung kann selbst von den Betroffenen höchst unterschiedlich wahrgenommen werden. Die Spannweite kann von einem belanglosen Schulterzucken bis hin zu einer schweren Kränkung reichen. Würde man hier nach dem Grundsatz *Im-Zweifel-für-den-Verletzten* verfahren, müsste man jede Form der Ehr-Abschneidung als schwere Verletzung würdigen, womit auch die Kriterien des alten Offiziers-Kodex anerkannt werden müssten. Jemanden beim Eintritt ins Kasino nicht zu grüßen – zu „schneiden" –, würde dann als Grund einer drastischen Genugtuung gelten. Lediglich über deren Form ließe sich dann noch diskutieren, es wäre dann also nur die Frage, ob die Duellforderung, und damit die implizite Todesdrohung angemessen ist, oder ob nicht beispielsweise eine Geldstrafe ausreichend sei.

Man sieht: Der subjektive Verletzungsbegriff kann eine Weite erlangen, welche die kompensierenden oder regulierenden Maßnahmen nur schwer begrenzen lassen und die Entscheidung über die Verletzungstiefe und die dafür angemessene Reaktion, Kompensation und Sanktionen ganz dem Verletzten überlassen. Wenn man dies als bedenklich ansieht, hat das noch nicht einmal mit der Sorge zu tun, dass der Verletzte Grad und Ausmaß seiner Verletzung übertreiben und unehrlich darstellen könne. Solche Unlauterkeit kann natürlich immer noch hinzukommen. Aber sogar ehrlich gemeinte Selbstauskünfte („das hat mich aber jetzt verletzt"; „das tut mir aber weh") stellen eine Herausforderung in Bezug auf die Angemessenheit, mit welcher auf die Verletzung geantwortet wird, dar. Betrachtet man den Verletzungsbegriff als subjektiv, gibt man die Würdigung und Beschreibung von Verletzung ganz und ausschließlich in die Autorität des Betroffenen. Dann muss man jedes vom Betroffenen beschriebene Verletzungsausmaß widerspruchslos anerkennen, da man andernfalls den Betroffenen mit jeder Kritik an seiner Selbsterklärung erneut und zusätzlich verletzen würde. Ein subjektiver Verletzungsbegriff kann, gerade bei seelischen Verletzungen, von außen nicht eingehegt werden, womit, und hier sei nochmals an die Duell-Kultur erinnert, kleinste Norm-Abweichungen, ein „zu-Tode-verletzt“ bedeuten können. Das maximale Verletzungsausmaß rechtfertigt dann tendenziell maximale Kompensationsforderungen. In der Kultur des Duell-Kodex beinhaltet die maximale Kompensationsforderung gegenüber demjenigen, der einen verletzt hat, ihn zu töten.

Duell-Forderung und Cancel-Kultur

Ganz ähnlich geht es im modernen Rede-Kodex darum, seinen Schädiger in seiner bürgerlichen Existenz zu vernichten und ihn zugleich unsichtbar zu machen: gecancelt ist er nicht mehr länger hör- und sichtbar.

Anders als in der überholten Duell-Kultur muss in der neuen *Cancel-Kultur* der Verletze seine Verletzung nicht nachweisen, es genügt, dass er sich verletzt *fühlt*. Das Gefühl seiner Verletzung, beispielsweise seiner Ehrabschneidung, rechtfertigt alles, – indes lediglich aus Perspektive des Verletzten. Denn anders als die Duell-Kultur ist die Cancel-Kultur nicht reziprok konzipiert, was Schopenhauer noch dazu verleitete, demjenigen, der die Duell-Forderung stellt, Dummheit zuzusprechen.[8] Die moderne Cancel-Kultur ist demgegenüber eine Einbahnstraße: Derjenige, der einer Verletzung bezichtigt wird, darf vernichtet werden und dies total. Denn im Unterschied zur Duell-Kultur, wo der Ehrenhändel in den meisten Fällen harmlos ausging, sieht die Cancel-Kultur keine gütliche Einigung vor und kennt nur den Tod. Dem Tod seiner bürgerlichen Existenz kann der, einer Verletzung bezichtigte, auch nicht durch seine Selbstbezichtigung entgehen. Dieser Weg wird zwar häufig und mit dazugehörendem Großmut angeboten, allerdings zeigt er nur zum Schein eine Rettung auf und führt ebenso ins Verderben, wie dies bei den der Hexerei oder eines Vergehens gegen einen totalitären Staat Angeklagten der Fall war.

Wie die totalitären Staaten operiert auch der Wokeismus mit gigantischen Zahlen. In der dem Neminem-Laede verpflichteten Cancel-Kultur ist sowohl die Zahl von Verletzten, also Opfern, und von Verletzenden, also Tätern, deshalb so hoch, weil sie die *stellvertretende Rede* erlaubt nach der Nicht-Verletzte für die Verletzten Partei ergreifen. Diese paternalistische stellvertretende Rede legitimiert sich dadurch, dass der zu Grunde liegende subjektive Verletzungsbegriff die Möglichkeit nicht ausschließt, dass jemand um seine Verletzung nicht weiß und entsprechend auf advokatorische Fürsprache angewiesen ist. Auch eine solche Fürsprache, in der jemand die Verletzung, welche ein anderer, ohne sich dessen bewusst zu sein, erlebt hat, folgt dem subjektiven Verletzungsbegriff und ist Ausdruck subjektiver *Einfühlung*. Dem anspruchsvollen Akt der Einfühlung haftet, da sie vom Einfühlenden höchste Sensibilität verlangt, etwas Heroisches an. Denn gelingende Einfühlung ist nur durch *Mitleiden* möglich, was eine Erfahrung ist, der sich der Einfühlende bewusst aussetzt, da es ja fremdes Leid ist, das er sich gleichsam einverleibt, so dass es zum eigenen Leid und zur eigenen Verletzung wird.

Damit dies gelingen kann, muss die subjektive Erfahrung einer Verletzung, nachfühlbar sein. Es genügt also nicht einfach, objektiv von dem Leid der Anderen zu wissen, man muss es auch fühlen. Unterstellt man, dass den primär Verletzten, wobei „primär" nicht wertend, sondern nur zeitlich gemeint ist, ihre Verletzung, aus welchen Gründen auch immer, nicht bewusst ist, dann besteht eine moralische Pflicht, den nicht empfundenen Schmerz der Anderen an deren Stelle zu erleben. Die nicht gefühlte Verletzung *muss*, so die Überzeugung der stellvertretend Verletzten, gefühlt werden, bliebe sie doch andernfalls ungesühnt. Daher spiegelt die stellvertretende Rede nur vordergründig ein stellvertretendes Erleben, ist es doch nicht metaphorisch gemeint, wenn Mit-Fühlende sich mit den Verletzten identifizieren. Solche Identifikation ist wörtlich zu nehmen, bedeutet mithin nicht eine einfache Solidarisierung, sondern ein Eins-Sein mit dem Verletzten. So muss, will jemand die Black-Lives-Matter-Bewegung unterstützen, unbesehen seiner biologisch gegebenen Hautfarbe behaupten: „Ich bin auch schwarz."

„Das verletzt auch mich"

Die moralische Pflicht, Verletzung zu erleben, unterscheidet sich von pathologischen Akten der Selbstverletzung dadurch, dass sie vermeintlich nicht selbstbezogen ist. Strebt der, der sich selbstverletzt, nach Aufmerksamkeit oder Wahrnehmung eigener Gefühle, geht es im Wokeismus darum, die Verletzung anderer zu fühlen, damit die Verletzung entweder nicht ungefühlt bleibt oder, um ihr ein zusätzliches Gewicht zu geben. Sich auf diese Schmerzen einzulassen, wird sowohl mit Heroisierungsgewinnen als auch mit einem Platz auf der sicheren Seite belohnt. Denn wer frühzeitig signalisiert, durch die, anderen zugefügte Verletzung selbst verletzt zu sein, der hat gute Chancen damit auf der richtigen, weil vorläufig unangreifbaren, Seite zu landen.

In Zeiten eines medial ausgefochtenen Zweifrontenkrieges gewinnt man strategische Vorteile, wenn es einem gelingt, sich auf die richtige Seite zu bringen. „Richtig" und „falsch" sind dabei einfach zu unterscheiden und orientieren sich an den Kategorien von „Opfer" und „Täter". Wer in der Welt des subjektiven Verletzungsbegriffs seine Verletzung reklamiert, ist mithin Opfer, egal ob die Angriffe der Täter Jahrhunderte zurückliegen und damals anderen Gruppen gegolten haben als derjenigen, der das Opfer heute entstammt.

Da die Cancel-Kultur denen von der falschen Seite mit Vernichtung droht, ist es klug, sich auf die richtige Seite zu bringen, noch klüger ist es, selbst neue, richtige Seiten aufzutun, weil man sich dann nicht erst dorthin begeben muss, sondern schon da ist. Diese Form der Ausweitung der Kampfzone ist in der Cancel-Kultur dort zu beobachten, wo aus subjektiver Betroffenheit ständig neue Verletzungen beschrieben werden, die immer neue Opfer und damit auch immer neue Täter identifizieren. Wer sich aus der subjektiven Erlebensperspektive als neues Opfer beschreibt und als solches hinstellt, der steht dann bereits auf der richtigen Seite und muss nicht Gefahr laufen, zu spät zu kommen. So erklärt sich auch die hohe Dynamik des Wokeismus: Angefangen mit dem aus der Bürgerrechtsbewegung stammenden Kampf gegen den Rassismus über die Emanzipationsbewegung der Frauen, hat der Wokeismus immer weitere Felder des Aufwachens entdeckt, denen ebenso viele Opfer- und Tätergruppen entsprechen.

Da der Wokeismus mit der Cancel-Drohung über ein wirkungsmächtiges Disziplinierungsmittel verfügt, wundert es nicht, wenn sich eine vorauseilende *Kultur der Correctness* etabliert. Es kann aber auch nicht überraschen, dass in der stark moralisierten Debatte von Gut und Böse immer mehr Menschen versuchen, sich auf die Seite des besonders Guten zu schlagen.[9] Als besonders gut erweist sich, wer bislang unentdeckt gebliebenes Böse ausmacht, und damit auch gleich neue Opfer-Gruppen etabliert. Eine solche moral-archäologische Arbeit ist lohnend, weil sich so in der permanent stattfindenden Moral-Evaluierung Plus-Punkte sammeln lassen und man in der gleichzeitig laufenden Moral-Inflation etwas auf die hohe Kante legen kann.

Ohne Risiko ist dies indes nicht. Denn die Rendite-Erwartung kann auch nach hinten losgehen, was dann der Fall ist, wenn die Opfer-Gruppe von den Exponenten des Wokeismus entweder nicht anerkannt oder aber nicht erkannt wird, was im Ergebnis dasselbe ist. Ersteres ist häufig bei konservativen Identitäten der Fall. Diese gelten dem Wokeismus als per se verdächtig und mithin als böse, weswegen er keinen Grund sieht, diese zu schützen. Häufig vermag der Wokeismus dann noch nicht einmal die Möglichkeit einer Verletzung in Betracht zu ziehen. Wenn also beispielsweise die Privatadressen von konservativen Politikern im Internet veröffentlicht werden, so wird von, dem Wokeismus verpflichteten, Medien behauptet, dass sie selber schuld sind. Auch ist denkbar, dass eine Opfer-Gruppe identifiziert wird, die in den auf Minderheiten spezialisierten und fixierten Kreisen des Wokeismus noch unbekannt ist oder es schlicht an einer trefflichen Bezeichnung mangelt. So ist das Woke-Thema LGBTQ erst in den letzten Jahren ausgebaut worden und hätte vor dieser Zeit bei den dritten und folgenden Buchstaben noch keine Cancel-Strategien hervorgerufen. Mittlerweile ist die unter Verletzungsverdacht stehende Gruppe zu LGBTQIA ausgedehnt worden und in der besonders progressiven Lesart hat man mit dem Pluszeichen (+) für einen weiteren Ausbau vorgesorgt. Mit dem Pluszeichen wird dann auch dem Schopenhauerschen Imperativ „Verletze niemanden“ Genüge getan.

Selbstverständlich könnte man sich die ganze Buchstaben-Litanei sparen, indem man dem doch bereits lange etablierten Grundsatz folgt, Menschen in ihrer Identität zu achten, was ja auch ohne ihre identitäre Definition möglich ist. Schon an dieser simplen Tatsache lässt sich erkennen, dass es dem Wokeismus anders als die explizite Redewendung vermuten lässt, um eine andere, eine versteckte, Agenda geht, doch dazu später.

„Hilf allen, soweit du kannst"

Der den Wokeismus leitende Imperativ des Neminem-Laede enthält ja bekanntlich eine zweite Aufforderung: Zusätzlich zu dem „Verletze niemanden", fordert der Imperativ, „Hilf allen, soweit du kannst." Mit der positiven Leistungspflicht hat Schopenhauer ethisches Neuland betreten und zugleich einen der größten Vorbehalte gegen seine Ethik ausgelöst. Philosophische Ethiken formulieren in der Regel negative Pflichten, also Unterlassungs-Pflichten. Damit stehen die philosophischen Ethiken im Unterschied zur religiösen Ethik, die, prominent in den Zehn Geboten, nicht nur Zu-Unterlassendes, sondern auch Zu-Tuendes formulieren. Zwar kennt eine solche positive Pflicht auch der Utilitarismus, gleichwohl geht der Schopenhauersche Imperativ mit dem Hilfs-Gebot weiter. Diese Weitung ergibt sich auch hier durch den subjektiven Verletzungsbegriff. Um Hilfe zu leisten, muss vorgängig klar sein, wer der Hilfe bedarf und wer sie ermangelt. Um die anspruchsvolle Aufgabe der Hilfsleistung nicht zu verpassen, scheint sich auch hier der subjektive Verletzungsbegriff zu bewähren und auch dies in der Weitung, der eingefühlten Verletzung: Da nicht auszuschließen ist, dass jemand hilfsbedürftig – und damit Opfer – ist, ohne es zu wissen, verlangt das neue ethische Bewusstsein, nicht nur dort zu helfen, wo jemand um Hilfe ruft, sondern, bereits vorauseilend, Hilfsbedürfnisse zu identifizieren und dann dort aktiv zu werden.

Wir haben es hier also mit einer Hilfsgebotsumkehr zu tun, womit das Hilfsgebot unabhängig des Hilferufs gilt. Die Hilfsgebotsumkehr lässt auch den bisherigen Standard der unerlaubten Beweislastumkehr nicht unberührt. Bislang verstand man unter unterlassener Hilfeleistung, dass jemand einen Hilferuf ignorierte. Da der Wokeismus Hilfe selbst dann zur Pflicht erklärt, wenn niemand nach Hilfe ruft, kann jeder, der der Regel folgt, nur denjenigen zu helfen, die um Hilfe ersuchen, der unterlassenen Hilfeleistung bezichtigt werden. In diesem Sinne kehrt der Wokeismus die Beweislast um. Zunächst einmal stehen alle, die nicht zu den historisch etablierten Opfer-Gruppen zählen – also als Opfer kolonialer, rassistischer, patriarchaler und maskuliner Gewalt gelten – unter dem Schuld-Vorbehalt. Und alle die nicht als Opfer gelten, gelten als „Privilegierte" und diese sind per se schuldig.

Der Begriff des Privilegs und des Privilegiert-seins wird äußerst flexibel gehalten, so dass bereits Zuschreibungen wie „Europäer" oder „Weißer" oder „Mann" Schuld markieren.[10] Auch hierbei kommt dem subjektiven Verletzungsbegriff eine zentrale Funktion zu: Der Imperativ „Hilf allen" setzt voraus, dass jeder sich von der möglichen Verletzung anderer nicht nur selbst betroffen fühlt; dieses Mitfühlen wird nun zum moralischen Gebot. Denn Nicht-fühlen gilt nun gleichbedeutend mit Nicht-helfen-Wollen. Dadurch wird unter den Bedingungen des Wokeismus die Möglichkeit des moralischen Versagens erheblich erhöht, gilt nun jeder als potentiell böse.

Dieser Verdacht und die damit verbundene Drohung der moralischen Ächtung bei Nicht-Hilfe kann dann als *Nudge* wirken, „soweit zu helfen, soweit" man kann. Den Erfolg des Nudgings, also des Anstupsens zu Gunsten einer Handlungsentscheidung, welche andernfalls unterblieben wäre, hat die Verhaltensökonomie unter Zugrundelegung des Homo

Oeconomicus-Modells belegt.[11] Da der rational operierende Homo Oeconomicus weiß, dass er seine Situation nicht nur geldwert, sondern auch statusmäßig verbessern kann, wird er seine Entscheidungen auch an einem zu erwartenden Statusgewinn ausrichten. In die gleiche Richtung zielt auch die Vermeidung des Statusverlustes. Im Wokeismus bedeutet das, dass umso mehr bereits ungefragt geholfen wird, umso geringer die durch Hilfe generierbaren Statusgewinne ausfallen. Genau umgekehrt verhält sich die Situation bei den Statusverlusten: Die sind umso höher, je seltener das als unmoralisch angesehene Verhalten der Nicht-Hilfe vorkommt. Daher werden Abweichungen von der herrschenden Wokeismus-Kultur umso härter mit gesellschaftlichem Ausschluss bestraft, je seltener sie sich ereignen. Der Wokeismus geht daher, je mehr er an Dominanz gewinnt, mit zunehmender Härte gegenüber Dissidenten vor. Dass die Verschärfung der Sanktionspraxis mit wachsendem Erfolg zunimmt, ist nur vordergründig widersprüchlich. Die sich zunächst aufdrängende Vermutung, dass der Wokeismus, je mehr Anhänger er hat, sich umso großzügiger gegen Abweichler zeigen kann, folgt einer undifferenzierten Machtanalyse, die nur auf oberflächliche *Power* fokussiert. Die Power der Macht besteht aber nicht allein in der Durchsetzungsmacht, sondern auch in der Überzeugungsmacht. Letzteres gilt zumindest für die Machtsysteme, die einen Wahrheitsanspruch erheben. Systeme, die eine Wahrheit verkünden, verkünden damit immer auch eine Moral. Solche Wahrheits-Macht-Systeme können und dürfen daher keine Abweichler dulden.[12] Dies könnte sich nur ein nicht-ideologisches und damit keinen absoluten Wahrheitsanspruch erhebendes Machtsystem erlauben. Systeme mit absolutem Wahrheitsanspruch müssen der eigenen Glaubwürdigkeit wegen Abweichler disziplinieren und je höher der

Wahrheitsanspruch ist, umso stärker müssen die disziplinarischen Maßnahmen ausfallen. Disziplinarmaßnahmen, welche die Vernichtung des Abweichlers vorsehen, bestätigen damit den Ernst der Sache, die es zu verteidigen gilt.

Dem Wokeismus ist es ernst, weswegen die Cancel-Kultur nicht nur einzelne Aussagen löscht, sondern auch vor der Löschung von Aussagenden nicht zurückschreckt. Der Tod der bürgerlichen Existenz, welcher mittlerweile jeden bedroht, erweist sich dann als Anheizer des Wokeismus. Der erste Teil des Neminem-Laede-Imperativs wirkt dabei als Vorlauferhitzer, dem der zweite Teil („Hilf allen“) endgültig einheizt.

Das Tempo, mit dem immer wieder neue Woke-Themen entdeckt und erfunden werden, erhöht schließlich die Temperatur im Gesellschaftskessel. Wenn neue Woke-Themen immer häufiger auch von der Basis entdeckt werden – und mithin nicht allein aus dem Kreis von Interessensvertretungs-NGOs auf den Themenmarkt geworfen werden –, so geschieht das eben aus dem Streben nach Statusgewinn bzw. der Vermeidung von Statusverlusten. Das kann dann auch schonmal die Vertreter von Interessensvertretungs-NGOs überfordern. Beim Thema LGBTQ war das zu beobachten, als die Frontleute der entsprechenden Wokeismus-NGOs die ihnen von der Basis entrungene Deutungshoheit erst dadurch wieder zurückgewannen, dass sie das Kürzel zunächst um die Abkürzungen weiterer Opfergruppen erweiterten und schließlich mit dem Pluszeichen (+) sich wieder auf die sichere Seite bringen konnten. Solche Anpassungen, die auch beim Ausbau der Gendersprache zu beobachten sind, wecken den Eindruck, dass nicht nur diejenigen, die dem Umbau der Gesellschaft mit Argwohn gegenüberstehen, Angst haben, sondern ebenso die Exponenten dieser Umbauarbeiten. So viel historisches

Bewusstsein scheint also doch noch vorhanden zu sein, dass zumindest diejenigen Woke-Aktivisten, die den Wokeismus zum Beruf gemacht haben, sich erinnern, dass noch jede Revolution zum Schluss ihre Kinder aufgefressen hat.[13]

Solange die Temperatur und damit auch die gesellschaftliche Dynamik hoch sind, muss man sich um eine solche Entwicklung jedoch weniger sorgen. Beunruhigend ist für die Woke-Frontleute erst das Abflauen der gesellschaftlichen Erregung. Aus Sicht des Wokeismus darf die Gesellschaft daher nicht zur Ruhe kommen, weswegen dafür gesorgt wird, dass die Empörungsindustrie gut am Laufen bleibt. Empörung ist ein unruhiges Gefühl. An solcher Unruhe ist die woke Gesellschaft interessiert, sind die Menschen, solange es Empörungen gibt, doch damit beschäftigt, sich an den Empörungen abzuarbeiten. Im Sinne des zweiten Teils des Neminem-Laede-Imperativs ist die Mehrheit der Bevölkerung aus Gründen ihres Statuserhalts mit ihrer *Hilfs-Schuld* beschäftigt. Solange sie diese Schuld ernst nehmen, können sie gar nicht anders, als zu helfen. Da die Hilfs-Schuld im Sinne des „Hilf allen, soviel Du kannst" unabschließbar ist, da nie gesagt werden kann, ob man bereits genügend getan hat, oder ob man noch mehr hätte tun können, sind die Menschen verurteilt, sich schuldig und damit böse zu fühlen, bis sie durch ein neues Narrativ, welches sie von *dieser* Schuld befreit, erlöst werden. Dieses neue Narrativ funktioniert dabei wie die aus der Bankenwelt bekannten Umschuldungsprogramme: Die eine Schuld ersetzt die andere und erhöht zugleich die gerade abgelöste durch einen Ablösezins. So wie dieses Verfahren die Wirtschaft am Laufen hält, so bleibt dadurch auch der Wokeismus in Bewegung und muss keine Sorge vor einer Erschöpfung haben. Der Wokeismus ist aber mehr als nur ein ökonomisches System von Geben und Nehmen.

3. Eine säkulare Religion

Der Wokeismus ist ein großes Schuldsystem, das über weite Strecken des alltäglich gelebten Lebens einer Religion gleicht. Die Ähnlichkeit mit dem Christentum ist dabei wenig überraschend, ist doch der Wokeismus ein Produkt der christlich geprägten US-amerikanischen Kultur. Leitend ist dabei das Schuldnarrativ der Erbsündenlehre, an dem sich die Gläubigen zeitlebens abzuarbeiten haben. Diese Mühsal, welche die irdische Welt zu einem, wie Schopenhauer befand, „Jammertal" macht, findet indes Trost und Hoffnung im Jenseits. Die Aussicht auf die Erlösung im Jenseits wirkt dabei als Kraftspender, die Arbeit im Diesseits anzupacken und durchzustehen. Der Wokeismus kann als säkulare Religion weder solchen Trost bieten noch kann er seinen Anhängern augenzwinkernd Entlastung bieten. Der Wokeismus wartet mit unerbittlicher Strenge auf.

Die Exponenten der Bewegung üben sich manchmal selbst in Bekenntnissen ihres unverzeihlichen Versagens,[14] was nötig erscheint, um die Glaubwürdigkeit der Bewegung nicht zu gefährden aber auch um den Anhängern zu zeigen, wie ernst die Sache ist. Daher kennt der Wokeismus auch kein Verständnis und kein Vergeben; solche Milde bleibt nur den Religionen des Jenseitsglaubens vorbehalten. Demgegenüber wissen Diesseitsreligionen, dass Entschuldung nur im Hier und Jetzt gelingen kann, und das geht nicht ohne Arbeit. Der Wokeismus, als die jüngste Diesseitsreligion, macht darin keine Ausnahme und erklärt allenthalben, dass die Erbschuld, welche nicht auf allen Menschen lastet, sondern nur auf „den

Privilegierten", also „den Weißen", „den Reichen", „dem Norden" aufgelöst werden muss. Sprachlich erlaubt sich der Wokeismus immer wieder Verrenkungen der vorliegenden Art: Der Begriff des Privilegs fungiert im Wokeismus nur in abwertender Bedeutung. Und wer ein Privileg genießt, und dies schlimmstenfalls sogar im wörtlichen Sinne, das heißt er oder sie ist nicht nur privilegiert, sondern erfreut sich sogar daran, dessen Schuld ist dann kaum noch zu tilgen. Trotz oder gerade angesichts der Ausweglosigkeit ihrer Lage müssen die Schuldigen Schuldbewusstsein zeigen, einsehen und öffentlich (d.h. medienwirksam) bekennen, dass sie schuld sind.

Die Privilegierten sind mehrfach schuldig. Zum einen sind sie als Nutznießer ihrer Privilegien schuldig und zum anderen sind sie daran schuldig, dass andere keine Privilegien genießen. Im schablonenhaften Denken des Wokeismus wird man als Privilegierter geboren und bleibt, wenn man als solcher geboren wurde, privilegiert. In ihrem Denken in Schablonen machen die Exponenten des Wokeismus zuweilen den Eindruck, als hätten sie von einem Sturm auf die Bastille und der Geburt der modernen Gesellschaft nie gehört. Deshalb gelten die Nachfahren der Kolonialmächte und das sind in leicht geschichtsklitternder Weise fast alle Menschen der nördlichen Erdhalbkugel, als privilegiert. Und weil sie privilegiert sind, sind die anderen unterprivilegiert. Bevor sich die Privilegierten in Buß- und Selbstbezichtigungsritualen üben, müssen sie sich schuldig bekennen.[15] Und da der Wokeismus keine Jenseitsreligion und eine umso strengere Diesseitsreligion ist, muss die Abtragung der Schuld im Hier und Jetzt des irdischen Jammertals angegangen werden. Die Hoffnung, dass das fleißige Bemühen um Schuldabtragung dereinst zu einem erfolgreichen Abschluss gebracht werden kann, die kann der Wokeismus jedoch nicht machen. Denn der Wokeismus ist das

Schuldgenerierungssystem, das, wenn eine Schuld gemindert ist, gleich eine neue Schuld aufdeckt. Als Diesseitsreligion kann der Wokeismus nicht nur keine Hoffnung auf Entschuldung machen, er muss sogar die Hoffnung auf Hoffnung als wohlfeil demaskieren, zeigte sich darin doch die realitätsleugnende Vorstellung von der Endlichkeit von Schuld, die letztlich tilgbar sei. Diese Vorstellung gilt dem Wokeismus als Ausdruck eines verqueren Elite-Bewusstseins, dem es an Einsicht in die Dimension der eigenen Schuld mangelt. Kurz: Nachfahren der Kolonialmächte bleiben deren Nachfahren, sowie auch die Nachfahren der Opfer des Kolonialismus dessen Opfer bleiben. Das Denken in Schablonen erweist sich dabei als so ausgeprägt, dass den wokeistischen Beschreibungen der Gesellschaft jeder Sinn für Dynamik und Bewegung abgeht. Auch im 21. Jahrhundert sind demnach die Menschen in Kasten eingepfercht, wie sie sich Jahrhunderte zuvor gebildet haben und so sind die einen auch heute noch Täter und die anderen heute immer noch Opfer. Auf beiden lastet mithin die Schuld von Jahrhunderten, während die Opfer diese Schuldanerkennung verdienen, wird von den Tätern das Schuldbekenntnis verlangt.

Auch hier zeigt sich der Unterschied zur Erbschuld-Lehre des Christentums. Diese Schuld ist, wie es in der neuen Liturgie der katholischen Kirche heißt „groß“, was schwer genug ist, da muss sie nicht, wie noch bis 1970 als „übergroß“ bezeichnet werden. Der Wokeismus füllt die Lücke, welche sich durch die Liberalisierung der Kirchen aufgetan hat: Nach wokeischem Schuldbekenntnis ist die Schuld der Privilegierten „übergroß“, nämlich unendlich. Und diese Unendlichkeit wird in der Praxis zusätzlich durch eine permanente Ausweitung von Schuldkategorien belegt. Wenn die Jenseitsreligionen diesen Weg nicht gegangen sind, so aus einem praktischen

Grund: Was, so könnte der Schuldbeladene fragen, habe ich davon, wenn ich, an mir arbeitend, Schuld abzutragen versuche, am Ende immer noch vor einem unendlichen Berg an Schuld stehe? Den Jenseitsreligionen geht es daher auch um eine simple Motivationshilfe, wenn sie verkünden, die Minderung der Schuld sei durch ein bußfertiges Verhalten zumindest nicht unmöglich. Die Jenseitsreligionen halten für die gigantische Aufgabe vor der sich die Gläubigen gestellt sehen, immer noch die Erlösung im Jenseits bereit und für die ist die zu irdischen Lebzeiten gezeigte gute Absicht bereits eine gute Vorbedingung. Ohne diese Aussicht wären wohl auch die frömmsten Gläubigen nicht für die mühevolle Schuldarbeit zu gewinnen.

Das wirft die Frage auf, was da eine Diesseitsreligion dem mit seiner unendlichen Schuld Konfrontierten zu bieten hat? Eine Erlösung im Jenseits scheidet aus der Perspektive einer Diesseitsreligion natürlich aus; aber auch eine Erlösung im Diesseits scheidet aus, weil die Schuld aufgrund ihrer Unendlichkeit nie abgetragen werden kann. Damit die schuldbeladenen Privilegierten nun nicht in die Passivität zynischer Verzweiflung stürzen („Es hat ja alles keinen Sinn"), muss die Diesseitsreligion gewisse motivierend wirkende Anreize zur Verfügung stellen. Der Wokeismus stellt dafür dem um Minderung seiner Unendlichkeitsschuld bemühten Privilegierten in Aussicht, dass er, solange er sich Mühe gibt, keinen Ausschluss aus der Gesellschaft zu gewärtigen hat.

Allerdings kann der Wokeismus diesbezüglich auch keine Garantie geben, ist er doch eine hochdynamische Diesseitsreligion, die in ihren permanenten Ausbaubemühungen auch permanent die Gewichte verschieben muss. Da der gläubige Wokeist, sofern er zu den Privilegierten gerechnet wird, nie sicher sein kann, dass ihn nicht doch noch die allgegenwärtig drohende Vernichtung ereilt („gecancelt!"), arbeitet er klugerweise immer gleichzeitig an mehreren Baustellen. Das sichert ihm nicht das Seelenheil, aber immerhin die Überlebenschance. So wird er als „weißer" „Europäer" sich für die koloniale Schuld zu verantworten versuchen, die neue Sprech- und Schreibweise penibel zu befolgen versuchen und auch überlegen, welche Schuld bei ihm selbst und anderen Privilegierten bislang übersehen wurde.

Wenn der Wokeismus hier als (Diesseits-) Religion bezeichnet wird, geschieht dies weder zynisch noch metaphorisch, sondern lediglich nach der Beobachtung seiner Funktionsweise, seines Selbstverständnisses und dem Verhalten seiner Follower. Wie andere Religionen auch, so verfügt auch der Wokeismus über eine weitgehend *hermetische Lehre*, die einen *Daseinszweck*, ein *Ziel*, ein *geschlossenes Wertesystem* samt *Sanktionssystem* und eine *Funktions-Elite* hat.

Die hermetische Lehre:

Wie andere Religion auch, so muss auch der Wokeismus hermetisch auftreten. Die Abgeschlossenheit seines Systems ist, wie sich an den älteren Religionen beobachten lässt, sowohl zugleich Stärke als auch Schwäche. Religionen dürfen nämlich nicht grundsätzlich offen-liberal und müssen strukturell konservativ-geschlossen sein, andernfalls die Heerde nicht beieinander zu halten ist.

In einer säkularen Gesellschaft stellt dies die Funktions-Elite von Jenseitsreligionen vor eine große Herausforderung, besteht doch die Gefahr, in der bereits empfindlich geschrumpften Gemeinschaft weitere Anhänger zu verlieren, wenn man nicht Zugeständnisse an den Zeitgeist macht. Auch hier gibt es ein Woke-Moment in Form des für jede Religion in der Moderne gefährlichen Wortes „erzkonservativ". Da nie ganz klar ist, was erzkonservativ ist, steht die Funktions-Elite, die den Vorwurf des Erzkonservativismus zu vermeiden und mithin liberale Zugeständnisse an ihre Kritiker, zu machen versucht, in der Gefahr, die konservative Mehrheit zu erschrecken und zu verprellen. Zwischen den Konservativen und den Modernen zu lavieren, kann eine gefährliche Gratwanderung sein, zumal es auch dort Woke-Momente gibt: „Mit Erzkonservativen", so sagen die liberalen Gläubigen, „rede ich nicht", weswegen als erzkonservativ geltende Redner, wie auf Kirchen- und Katholikentagen zu beobachten ist, gecancelt werden.

Den Liberalen entgegenzukommen, stellt für die häufig selbst modern und liberal eingestellte Funktions-Elite der alten Religionen einen doppelten Anreiz dar: Da bereits jede Form von Konservativismus tendenziell als erzkonservativ gilt, glaubt die Funktions-Elite Punkte machen zu können, wenn sie sich liberal geriert. Dies ist für viele Vertreter der Funktions-Elite auch deshalb attraktiv, weil sie selbst modern-liberal sozialisiert sind und den wahlweise als konservativ oder erzkonservativ betrachteten Kern ihrer Gemeinschaft als lästigen Ballast empfinden.

In der modernen Mediengesellschaft winkt den Exponenten einer als konservativ oder gar als erzkonservativ wahrgenommenen Glaubensgemeinschaft die Adelung der Einladung in eine Talk-Show, und zwar einer ernstgemeinten Einladung. Ernstgemeint ist die Einladung eines Bischofs in eine Talk-Show, wenn die Absicht der Sendung nicht darin besteht, den Bischof als wunderliches Exemplar einer ausgestorbenen Art vorzuführen, sondern dem aufrechten und mutigen Streiter für die gute Sache ernsthaft zuzuhören. Für den Bischof liegt der Mehrwert seines Auftritts darin, dass er endlich dort angekommen ist, wo er schon lange hinwollte, nämlich in den Kreis der liberalen Intellektuellen. Diese nehmen ihn dankbar auf, weil auch sie einen Mehrwert vom Talk mit einem Bischof haben. Denn das wohlwollende Gespräch mit einem Bischof bietet die Chance, sowohl die eigene Toleranz wie die intellektuelle Überlegenheit demonstrieren zu können. Letztere ergibt sich fast unvermeidlich aus dem größeren Begriffs-Repertoire, dass der Liberale gefahrlos verwenden darf. Und hier sitzt der Kirchen-Führer in der Falle. Scheut er beispielsweise einen Begriff wie Promiskuität oder Polyandrie, so gilt er nicht nur als konservativ oder gar als „stock-konservativ", sondern auch als intellektuell abgehängt: er weiß nicht, was heutzutage läuft. Letzteres könnte für den um Aufnahme in den Kreis der Fortschrittlichen bemühten Kirchen-Oberen die noch größere Verletzung bedeuten. Und so wird er die Vorgaben der Liberalen aufgreifen, auf den Zug der Worte aufspringen und ganz locker sein. Diese Lockerheit fällt dem Bischof dann, wenn er wieder zu Hause ist, auf die Füße, werden die Konservativen oder Erzkonservativen doch von dem Auftritt „ihres" Vertreters entsetzt bis angewidert sein. Im Resultat hat er also keinen Liberalen für seine Gemeinschaft hinzugewonnen, aber viele Konservative verprellt.

Der Daseinszweck

Jede Religion hat einen Daseinszweck. Der Zweck einer Religion kann beispielsweise in der Mehrung der Liebe oder aber, wie so häufig, in der Minderung des Leids bestehen. Ist Letzteres der Fall, dann gewinnt eine Religion umso mehr an Sinn, je mehr Leid es gibt. Ist der Daseinszweck gesetzt, dann verfügt die Religion auch über ein Ziel, das sie anstrebt und das ihre Anhänger abzuarbeiten haben. Eine Welt der Liebe, eine

Welt ohne Leid, das sind Fernziele, die weder auf Erden noch durch Menschen allein zu erreichen sind. Da kann letztlich nur Gott oder Göttliches helfen. Eine Religion wäre jedoch keine Religion, wenn nicht die Menschen aufgerufen wären, an dem hehren Ziel mitzuarbeiten. Dies erweist sich bei einer Diesseits-Religion als umso dringlicher, da hier kein Jenseits-Gott wird helfen können. Die Strenge des Wokeismus hat hier ihren Grund: Da die Diesseits-Religion nicht darauf bauen kann, dass es ein Jenseits-Gott richten wird, müssen es die Menschen tun. Da der definierte Daseinszweck in der Aufhebung von Leid und Ungerechtigkeit besteht und dieses, nach wokeischem Selbstverständnis unendlich an der Zahl ist, kommt es auf jeden an. Der Wokeismus kann und darf sich daher auch keine Nachlässigkeit erlauben und jede Vertröstung auf später, erst recht aufs Jenseits, wäre sträflicher Zynismus. Der Wokeismus braucht daher alle, weiß jedoch zugleich, dass er nur auf die Menschen guten Willens bauen kann. Die Unwilligen dagegen sind sowohl für das Projekt des Wokeismus, eine Welt zu bauen, in der alles Unrecht aller vergangenen Zeit gesühnt ist, verloren als auch an sich selbst verloren. In ihrem unreifen oder gar bösen Bewusstsein schließen sie sich selbst aus. Die bösen Unwilligen gefährden nicht nur dadurch den Daseinszweck des Wokeismus, dass sie die Zahl der Streiter für die gute Sache verringern, sondern zusätzlich dadurch, dass sie die Möglichkeit des häretischen, abweichenden Bewusstseins aller Welt vor Augen führen. Beides muss der Wokeismus kleinzuhalten versuchen, ohne außer Acht zu lassen, dass Dissidenz einen wichtigen Beitrag zum Zusammenhalt einer religiösen Bewegung leistet. Gerade diejenigen, die sich dem Guten verweigern oder gar widersetzen, also beispielsweise gegen Straßen-Umbenennungen wie der Berliner Mohrenstraße vorgehen, liefern den woken Umbenennungsbemühungen neue Rechtfertigung. Denn nun lässt sich zeigen, dass es immer noch Anhänger kolonialen Denkens gibt und Leute, die das Verletzungspotential dieses Straßenamens nicht begriffen haben. Solange diese Gruppe merklich, aber dennoch klein bleibt, ist sie für den Wokeismus gut, findet er doch an ihrer Existenz nicht nur seine Daseinsberechtigung, sondern auch das, was seinen Kampf gegen die Bösen mit Spannung würzt. Es sind also nicht nur die historischen Gegner, sondern die realen Widersacher, gegen die zu Felde zu ziehen, als heroischer Akt dargestellt werden kann und damit der noch jungen Bewegung die Helden liefert, die sie braucht.

Solange die Abweichler überschaubar bleiben, sind sie also nützlich und brauchbar. Daher muss der Wokeismus dafür sorgen, dass ihm die Gegner nicht ausgehen, und deshalb eröffnet er immer wieder neue Schlachtfelder, auf denen Woke-Scharmützel ausgetragen werden können. Diese Ausweitung der Kampfzone hat noch einen weiteren Grund: Wenn immer wieder neue Themen woker Empörung aufgetan werden, können beide Gefahren kleingehalten werden: die Gefahr, dass es keine Dissidenz mehr gibt und die Gefahr, dass die Abweichler zur Mehrheit werden. Dissidenz ist wichtig, um die Bewegung am Leben zu erhalten, was zugleich nur solange möglich ist, wie die Bewegung den Mainstream-Diskurs bestimmt. Würde sie die Lufthoheit verlieren, löste sie sich in Luft auf. Solange der Wokeismus aber Mainstream ist, werden die meisten, die in Distanz zu ihm stehen, jedes neue Woke-Thema nicht von vornherein in Bausch und Bogen verwerfen können, sondern sich zunächst einmal damit auseinandersetzen müssen. Das aber braucht Zeit, die dem Wokeismus nützt und diejenigen, die ihm abgeneigt sind, weiter ins Unrecht setzt.

Wer beispielsweise trotz ehrlichen Bemühens und Nachdenkens fragt, worin denn das Problem einer nicht-gendergerechten Sprache besteht oder zu Bedenken gibt, dass die Gendersprache inkonsequent, unschön oder schlicht falsch ist – beispielsweise die „Gästin", die „gebärende Person", „die Flüchtling" – mit dem muss nicht viel Federlesens gemacht werden, sondern der oder die kann mit ebenso inhaltlich vagen wie formal bestimmten Urteilen zur Disziplin gerufen werden. Als ein solches Disziplinar-Urteil hat sich mittlerweile die Redewendung „das geht gar nicht" etabliert. Wer das sagt, markiert eine kategorische Linie, die keiner weiteren Begründung bedarf.

Das geschlossene Wertesystem

Orthodoxie und Diesseitsreligion sind keine Widersprüche; jede Religion hat und braucht ein Wertesystem, das weitgehend geschlossen ist und orthodoxe Geltung beansprucht: Der Wokeismus muss sich mehr noch als die Jenseitsreligionen orthodoxer Urteile bedienen. Ein geschlossenes Wertesystem, das mit orthodoxem Wahrheitsanspruch untermauert ist, trägt nicht nur zur Orientierung und Sammlung der Anhängerschaft bei, sondern auch zur Abwehr der Kritiker. Letztere beißen sich an orthodoxen Positionen einer Mainstream-Bewegung die Zähne aus. Wer dermaßen auf Granit beißt, erhält damit zugleich den Beweis, es mit einer Mainstream-Bewegung zu tun zu haben. Denn während man orthodoxe Minderheiten-Positionen ignorieren oder achselzuckend übergehen kann, muss man zu Mainstream-Positionen Stellung beziehen, will man die eigene Existenz nicht gefährden. Daher kann es auch riskant sein, Feststellungen wie, das „geht gar nicht", „das ist doch klar", oder „das weiß doch jeder, der kein

Rassist ist", öffentlich zu hinterfragen. Wer dies dennoch tut, läuft Gefahr, sowohl sich selbst zu beschädigen als auch die infrage gestellte Position weiter zu befestigen. Diese strategische Situation bringt die Unwilligen in das Dilemma, sich gegen den Mainstream stellen zu müssen, wollen sie sich selbst nicht ganz aufgeben. Dies führt zu der abstrusen Situation, widerständig zu sein und gleichwohl zu wissen, dass Widerstand zwecklos ist. In einer solchen Haltung kann man sich nur „unmöglich" machen.

Die Tatsache, dass das herrschende Wertesystem zwar hermetisch geschlossen, aber fallweise flexibel ist, kann den Unwilligen nicht wirklich helfen, liegt doch die Interpretationshoheit über die Orthodoxie bei den Exponenten des Wokeismus. Die Unwilligen bleiben beim Spektakel immer wieder neuer Grenzziehungen, welche damit auch Grenzöffnungen zur Folge haben können, die Zuschauer. Von den Unwilligen ist daher ein hohes Tempo verlangt, um auf die sich ständig neu ergebende Lage zu reagieren. Das Ziel, die eigene Verunglimpfung nachhaltig abzuwehren, werden die Unwilligen jedoch nicht erreichen, tun sich doch permanent neue Verletzungen von Opfern auf, die neue Hilfsmaßnahmen erfordern.

Unwillige, die sich weigern, auf jeden Verletzungszug aufzuspringen und allen neuen Opfergruppen beizustehen, werden nun ihrerseits zu Opfern, nämlich einer vom Wokeismus orchestrierten Verleumdungs- oder Verbannungspolitik. Sich dagegen zu wehren, ist zwecklos: So würde beispielsweise eine Biologin, die ihren Job verloren hat, weil sie von der Binarität der Geschlechter gesprochen hat, weiteren Unmut auf sich ziehen, wenn sie sich als Opfer einer doktrinären Sprachpolitik ausgeben würde. Und so ist es klar, dass es gute und böse und d.h. unschuldige und schuldige Opfer gibt. Wer was ist, das bestimmt die Orthodoxie, welche alle Nachfahren rassistischer, kolonialer, imperialer und kapitalistischer Gewalt zu Opfern und alle Nachfahren der Täter als Täter bezeichnet.

Hierbei tut sich indes eine weitere Merkwürdigkeit auf: Da der Wokeismus überwiegend von Nachfahren der Täter vertreten wird, gibt es eigentlich gar keine Guten. Selbst die Exponenten der Bewegung sind mit ihrer geerbten Schuld beladen. Was für die Exponenten einer Jenseitsreligion unproblematisch ist und sogar zur Förderung des Gemeinschaftsgefühls beiträgt („Wir sind doch alle nur Menschen"; „Wer ohne Schuld ist, der werfe den ersten Stein"), das wird für eine Diesseitsreligion zu einer gefährlichen Klippe. Denn mit welchem Recht können die Exponenten der Bewegung die anderen auf ihre Schuld und ihr geerbtes moralisches Versagen hinweisen, wenn sie selbst nicht frei davon sind? Um also glaubwürdig die Schuldigen zur Umkehr zu führen, bedürfen die Exponenten der Bewegung eines Aktes der Entschuldung. Und da auch Diesseitsreligionen nicht ohne Magie auskommen, haben die Exponenten der Bewegung die Magie der Exkulpation entdeckt, die sich mit der primären Einsicht in die geerbte Schuld entfaltet. Die Primäreinsicht in das *Mea culpa* wirkt dann wie ein Entschuldungselixier. Ein entsprechendes Reinigungsbad bereitet auch in Diesseitsreligionen für höhere Aufgaben vor.

Anders als die etablierten Religionen die manchmal einen gesetzten und, wie Kritiker sagen würden, einen zuweilen langweiligen Eindruck machen, zeigt der Wokeismus eine hohe Dynamik. Es ist immer etwas los, es gibt immer was, über das man sich aufregen kann und vor allem auch aufregen sollte. Nicht nur die Unwilligen stöhnen unter der Unruhe, in welchen der Wokeismus die Gesellschaft gestürzt hat, auch die willigen Woken leiden darunter. Diese müssen schnell immer neue Opfer erkennen, um sich durch die Gnade der Primäreinsicht auf die Seite der Entschuldeten zu bringen. Diese Gnade kommt allein der Avantgarde des Wokeismus zu; diejenigen also, die den Wokeismus als Frontleute vertreten und denen, die hinter ihnen stehen, sagen, wo's langgeht, die sind da, wo sie sind, weil sie begnadet sind. Der Wokeismus funktioniert in seiner Rekrutierungspraxis mithin wie die Calvinistische Prädestinationslehre: Nur die höhere Vernunft weiß, wer ausersehen ist, der Herde voranzuschreiten und sie anzuleiten, Gutes zu tun und damit die Welt zu einem weniger schlechten Ort zu machen. Die Herde, also neu, die Follower, denen der Zugang zur höheren Vernunft zwar versagt ist, können gleichwohl die Auserwähltheit ihrer Frontleute erkennen: Wer bislang übersehene oder vernachlässigte Opfergruppen entdeckt, der ist begnadet und auserwählt, das Unrecht der Welt zu erkennen und andere anzuleiten. Die Frontleute des Wokeismus stehen auf der Brücke, den Fahrtwind als vermeintlichen Gegenwind im Gesicht, das gibt ihnen den heroischen Charme, den Follower suchen, um ihm erliegen zu können. So bildet sich Elite.

Funktionselite

Wie jede Religion hat auch der Wokeismus eine Führungselite, welche die Leitlinien vorgibt, die Einhaltung der Regeln überwacht und jeweils neue Regeln etabliert. Letzteres ist für die Funktionselite, also die Frontleute des Wokeismus von besonderer Bedeutung, damit die Anhänger der Bewegung nicht in ihrem Eifer erlahmen und stattdessen, wie es sich für eine Bewegung gehört, in Bewegung bleiben. Neue Sprechregeln in Bezug auf sexuelle Minderheiten, neue Schreibregeln zur Benennung der Geschlechter, neue Namen zur Bezeichnung von

Ethnien und Neubewertungen von Kulturgut,[16] all das will gelernt sein. Diese Dauer-Innovationen halten nicht nur das Volk, sondern auch die Führungselite auf Trab. Während die einen mit Auswendiglernen beschäftigt sind, arbeiten die da oben immer weiter an neuen Handreichungen, sogenannten Manuals, zum richtigen Verhalten in einer verkehrten Welt.

Anders als bei den etablierten Religionen besteht die Führungselite des Wokeismus selten aus eindeutig identifizierbaren Personen, die die Aufgabe, die Bewegung anzuführen, permanent innehaben. Mit Ausnahme des Klima-Wokeismus ist die Führung des Gesamt-Wokeismus nicht konstant und formiert sich immer wieder neu. Dass es beim Thema Klima eine etablierte Führungsriege gibt, die mindestens halbprofessionell von dieser Aufgabe lebt, mag mit dem überschaubaren und eindeutig zuordbaren Themenbereich zu tun haben. Dieser verlangt eine gewisse Professionalisierungsschulung, für die die wenigsten die nötige Zeit aufbringen und daher in der Bewegung ihr Dasein im wahrsten Sinne als Fußvolk-Aktivisten fristen und sich beispielsweise auf der Autobahn festkleben. Aber auch das Spitzenpersonal hat es nicht einfach, gibt es doch im nationalen und im internationalen Wettbewerb einen stetigen Verdrängungskampf. Bei den anderen Themen ist das erst recht der Fall: Der antirassistische Aufklärungskampf, der Streit um eine geschlechtergerechte Sprache, um die Anerkennung der vielen Geschlechter oder die Sichtbarmachung der kolonialen Spätfolgen und die Ächtung kultureller Aneignung, all das ist so kompliziert und der Streit um die Vorherrschaft so kräftezehrend, dass sich hier selten eindeutige Leitpersonen herauskristallisieren. Trotz dieses Mangels ist die Bewegung des Wokeismus stark genug, sich immer weiter auszudifferenzieren und immer wieder neue Themen zu setzen.

Auch dadurch manifestiert sie ihren religiösen Charakter, dass die Bewegung trotz des Mangels an konkreten Leitfiguren zunehmend zum Selbstläufer geworden ist, ganz so, als würde sie von einem transzendenten Geist getragen und vorangetrieben.

Dem Leitpersonal kommt in einer solchen Religion gleichwohl eine wichtige Aufgabe zu: Das Volk oder die Follower müssen permanent bei der Stange gehalten und immer wieder auch aufgeweckt werden, um zu vermeiden, dass sie in den Schlaf der Gerechten verfallen. Niemand soll denken, alle Aufgaben seien schon gelöst und alle Probleme behoben. Die Tatsache, dass es keine festen Leitungspositionen gibt, hilft, dieser Gefahr entgegenzuwirken: Wie wir gesehen haben, entsteht jede Leitungsfunktion aus der Primäreinsicht in den Schuldzusammenhang, womit jede Leitungsposition nur eine auf Zeit ist, führt doch der Wettbewerb um die Aufdeckung bislang übersehener Schuldzusammenhänge zu immer neuen Aufdeckungen. Damit entstehen auch immer neue, selbstgeschaffene, Eliten, die ihre Konkurrenten wieder auf den Boden zurückstoßen, dort, wo das Fußvolk ist. Dort finden sich dann die bisherigen und noch zuvor der Schuld enthobenen, Leitungspersonen wieder im Stande der Schuld, was macht, dass sie sich wieder bewähren müssen. Damit teilen die vormals prominenten Wortführer das Schicksal der anderen, von denen sie sich nur vorübergehend absetzen konnten. Auch sie sind nun wieder auf dem Stande von Bewährungsverurteilten, was nach Auffassung des Wokeismus die Grundverfassung aller Nachfahren von Täterkollektiven ist.

Die Analogie zum juristischen Instrument der Bewährungsstrafe passt auch deshalb, befindet sich der zu einer Bewährungsstrafe Verurteilte, doch auch gleichsam im Zustand der mittelschweren Schuld, die sofort in den Zustand der Voll-

Schuld kippen kann, wenn eine Verletzung der Bewährungsauflagen festgestellt wird. Verletzt werden die Bewährungsauflagen, wenn die Arbeit an der Besserung der Gemeinschaft schlampig, unaufrichtig oder gar nicht erfolgt. Genauso ergeht es auch den Täternachfahren, die, ähnlich der christlichen Erbsündenlehre, immer schon schuldbeladen sind und dies nicht aufgrund individueller Tat, sondern aufgrund der Zugehörigkeit zu einem Kollektiv. Die Individualität kommt demnach erst verspätet und immer nur negativ, als Träger von Schuld, zum Tragen. Der Einzelne kann sich in der Arbeit an der Kollektivschuld beweisen, hier ist er gefragt und gefordert, kann er doch im Bemühen der Minderung seiner geerbten Schuld sich selber ausdrücken und zeigen, wie ernst es ihm ist. Das *Abarbeiten* an der Gesamtschuld kann mithin auch eine Chance zum Aufstieg bieten, was in einem stark von Gut und Böse geprägten System einen wichtigen Anreiz darstellt.

Das Anreizsystem hat auch für die Funktionselite Bedeutung, können sich doch auch die Frontleute nur vorübergehend entschulden und wie die Spitzenleute der woken Klima-Bewegung sich aus dem Schuldsystem suspendieren lassen. Im Interesse der höheren Sache dürfen sie dann das ansonsten verbotene Flugzeug benutzen, wobei sie allerdings die gesellschaftliche Stimmung nicht aus dem Blick verlieren dürfen, stehen doch auch sie nicht über der Sache; schon ein Flug zu viel kann das Ende bedeuten. Der Bewegung des Wokeismus schadet dies nicht, hilft ihr doch jede Empörung, auch die hausgemachte. Ebenso dienlich ist es der Bewegung, dass auch prominente Frontleute gleichsam über Nacht aller ihrer Privilegien verlustig gehen können, hilft das doch die Glaubwürdigkeit der Bewegung zu bewahren.

Da jede skandalöse Veröffentlichung die Position des Leitungspersonals in Gefahr bringen kann, versucht dieses seine

Interpretationshoheit zu nutzen um das eigene Verhalten als nur vermeintlich konträr zu den Zielen darzustellen. Wie bei religiösen Bewegungen üblich, kann sich auch die woke Funktionselite auf ein höheres, dem Fußvolk unzugängliches, Bewusstsein berufen und beispielsweise faule Kompromisse, die sie auf den Klimakonferenzen eingegangen sind, als Ausdruck von Konsequenz und Geradlinigkeit verkaufen. Dennoch schlummert, wie immer, die größte Gefahr in den eigenen Reihen. Gegen die geistesverwandten Kritiker versucht das in die Kritik geratene Leitungspersonal sich mit dem Hinweis zur Wehr setzen, dass die Kritiker Sprecher in fremder Sache, also eingeschleuste Provokateure, seien. Demnach spielen diese Kritiker ein doppeltes Spiel, sind also noch böser als die erklärten Gegner von der anderen Seite. Sind diese böse, so sind die Kritiker aus den eigenen Reihen abgrundtief böse, was ein Grund mehr ist, sich mit solchen Positionen nicht länger auseinanderzusetzen. Die Funktionselite ist also nicht so schnell am Ende, zumindest so lange nicht, wie Verbannungsurteile oder andere Sanktionen noch greifen.

Sanktionen

Religionen brauchen Sanktionen, um mit deren Drohung die Gläubigen zu motivieren, die Wankelmütigen zu ermahnen und die Abtrünnigen zu bestrafen. Sanktionen festigen darüber hinaus den Markenkern, stiften also *Corporate Identity*, was allen, den Beteiligten und den Unbeteiligten, den Insidern und den Outsidern hilft, zu wissen, woran man ist. Ohne Sanktionen wäre wohl keine Religion entstanden und hätte keine überleben können. Allerdings ist Vorsicht angesagt: Werden die Sanktionen zu streng gehandhabt, können sie ebenso abschrecken wie, wenn sie zu milde sind. Im ersten

Fall wird der Markenkern deutlich herausgemeißelt, drohende harte Strafen können aber die Freude an der Sache dämpfen. Zu milde Sanktionen können jedoch ebenso die Attraktivität und Akzeptanz einer Religion mindern, weil sie als beliebig („Wischi-Waschi") angesehen wird. Dennoch ist es für eine neue Religion sinnvoll, zunächst einmal deutlich sichtbare Pflöcke einzuschlagen, so dass jeder weiß, woran er ist. Der Rekrutierung neuer Anhänger kann das sogar förderlich sein. Im Klima-Wokeismus ist dieses Verfahren weitgehend aufgegangen, konnten doch intuitiv naheliegende moralische Intuitionen von Gerechtigkeitsvorstellungen – hier der intergenerationellen Gerechtigkeit – plus des Nicht-Schaden-Imperativs, zu einer Moral verdichtet werden, die genügend Empörungspotential liefert. Ist dieser Gedanke *angekommen*, so hat man eine Klaviatur, auf der nach Belieben neue Töne angeschlagen werden können. Insbesondere lässt sich die Empörung immer weitertreiben und das sowohl quantitativ als auch qualitativ. Es können also immer neue Empörungsanlässe ausfindig gemacht werden, so gelten neben den Autos mittlerweile auch die Kühe als schuldig. Das Sanktionsrepertoire wird in dem Falle nicht einfach auf die Fleischesser ausgedehnt – die stehen ja bereits am Pranger –, sondern ebenso auf die unbedachten, aber gleichsam schuldigen Latte Macchiato trinkenden Vegetarier. Aber auch die Milch-Bauern und mit ihnen „Brüssel" und damit „Europa" sind schuld. Sie alle müssen ihr Verhalten ändern. Da der Wokeismus aber nicht nur eine neue Moral, sondern eben auch eine Religion ist, genügt es nicht, sein Verhalten zu ändern, was ja bereits erreicht wäre, wenn man das inkriminierte Tun abstellte. Damit hätte eine säkulare Moral ihr Ziel erreicht; nicht so eine Religion. Sie gibt sich nicht mit der Verhaltensänderung zufrieden, sie will, dass man *sich* ändert. Jede Ausdehnung von Empörungs- und

Schuldzone erhöht damit auch den Workload, welcher angibt, wieviel an sich selbst noch zu arbeiten und wie viel an sich geändert werden muss.

Eine solche Ausdehnung der Schuldzone wird im antirassistischen-Wokeismus beispielsweise mit dem Begriff der *kulturellen Aneignung* markiert. Damit wird zugleich auch neues Empörungspotential eröffnet und ebenso neue Sanktionen auf den Plan gerufen. Diese Entwicklung stellt im wahrsten Sinn eine Win-Win-Situation dar: Die Funktionselite, welche zu Empörungen allererst aufruft, kann sich damit zum einen als richtig auf dem Job ausweisen und zum anderen neue Existenzberechtigung für das Projekt des Wokeismus generieren. Für das Fußvolk sind Empörungen zwar mit Aufgaben und Pflichten verbunden, die gleichwohl attraktiv sind. Denn jeder neue Empörungsanlass generiert neue Abarbeitungsaufgaben, es gibt also wieder etwas zu tun und das muss auch getan werden, nichts zu tun, „geht gar nicht". Dem Aktiven winkt zugleich der Lohn, in der Empörung, also im Akt des Nachfühlens dessen, was ein anderer als zu fühlen aufgetragen hat, die eigene moralische Güte zu spüren. Die wohlige Bestätigung, auf der richtigen Seite, also der des Guten zu sein, stärkt den Selbstwert und vergewissert, nicht böse zu sein. Daher werden neue Empörungsanlässe in der Regel engagiert aufgenommen und zur guten Tat geführt. Außerdem enthält jede neue Empörung eine neue Sanktionsdrohung, die, im Falle ihrer Anwendung, auch Unterhaltungswert hat.

Denn es gibt ja immer auch Menschen, die das Spiel nicht mitspielen. Solche Menschen erscheinen empörungsresistent zu sein, was einen Angriff auf die sich durch Empörung definierende Kultur darstellt. Die Un-Empörten gelten aus dieser Perspektive dann als Gefahr und, da sie die neue Kultur in Gefahr bringen, als *böse*. Mit den Bösen lässt sich sowohl schlecht reden, als man ihnen auch kaum drohen kann. Die Höllenqualen, die die Jenseitsreligionen gerne an die Wand malen, können natürlich nur die eigene Klientel wirklich schrecken und im besten Fall wieder zur Besinnung bringen. Die Unwilligen und Un-Empörten sind für das Feuer der Verdammnis unempfänglich, zumindest solange wie es nur als Drohkulisse dasteht. Für die Unwilligen sind auch keine Brennzangen oder andere Marterinstrumente gedacht, mit denen sie wieder auf Linie gebracht werden könnten. Die Unwilligen, das sind ja nicht nur diejenigen, die sich da, wo sich fast alle empören, nicht empören, die Unwilligen, das sind vor allem diejenigen, die nicht *wollen*. Und wer nicht will, dem mangelt es nicht an Einsicht, sondern an Umsetzungsbereitschaft. Und eben deshalb muss er verschwinden.

Im Mittelalter wurden die Unwilligen durch den Scheiterhaufen zum Verschwinden gebracht. Das damit verbundene Spektakel und die noch lange auf dem Boden sichtbare Brandstelle galten vor allem der Anhängerschaft als drohende Ermahnung; der Unwillige hätte auch weniger spektakulär aus der Welt gebracht werden können. In der modernen Welt heißt das Wort für Verbrennung Canceln. Ohne diese ultimative Sanktion wäre der Wokeismus nicht, was er ist, erst durch die Auslöschungsdrohung erlangt er öffentliche Bedeutung. Eben weil das Canceln zur Totalauslöschung, zur Vernichtung der bürgerlichen Existenz führt, muss dieses Instrument behutsam zum Einsatz kommen, die Zahl der Ausgemerzten darf nicht zu groß werden. Daher kann auch die Diesseitsreligion gut damit leben, wenn Unwillige ihre Meinung nicht ändern, sie aber immerhin, in praktizierter Selbstzensur, nicht mehr äußern. Für den Wokeismus ist das insofern sogar besser, als er dann nicht Gefahr läuft, als Vorreiter einer offenen, die Meinungsfreiheit unterbindenden, Zensur zu gelten.

Als mittlerweile gut und sattelfest etablierte Diesseitsreligion kann sich der Wokeismus über weite Strecken darauf beschränken, die jeweiligen – säkularen – Sündenregister immer wieder in Erinnerung zu rufen und immer wieder *up to date* zu halten, was in der Regel bedeutet, sie ständig zu erweitern. Da die so aufgelisteten Sünden sich aus vermeintlichen Verstößen gegen massives Unrecht ergeben – Rassismus, Flugreisen und geschlechterdiskriminierende Sprache gelten dann als gleich gewichtig –, deshalb gibt es keine kleinen Sünden. Jede Sünde aus dem Register des Wokeismus ist eine Todsünde. Damit jeder weiß, was die Stunde geschlagen hat, müssen die Sünden und das jeweils geltende Sündenregister auch bekannt sein. Das ist jedoch nicht so einfach: Denn im Unterschied zu den etablierten Sündenregistern der Jenseitsreligionen besteht das Sündenregister des Wokeismus nicht in einer einfachen Auflistung inkriminierter Handlungen. Die Ausweitung des Verletzungsbegriffs verbietet es nämlich manchmal sogar, verbotenes Verhalten zu benennen, bestünde doch die Gefahr, dass bereits die Nennung verbotenen Tuns zu einer Verletzung führt. So darf das *N.-Wort* auf keinen Fall gesagt oder geschrieben werden, was bedeutet, dass die Gemeinde der Gläubigen nicht nur wissen muss, was sie darf, und was verboten ist, sondern auch das Verbotene kennen muss, ohne es gesagt bekommen zu haben. Kritisch ist das bei inkriminierten Worten, weil diese bereits durch jede Abkürzung selbst dann entstehen, wenn sie nicht ausgesprochen oder ausgeschrieben werden. Der Wokeismus arbeitet daher, wie ein Staat mit ungeschriebener Verfassung und einer Vorstellung von *Common Sense*. Beides erhöht seine Anpassungsfähigkeit an neu erkannte Vergehen und erlaubt den Exponenten der Bewegung die Regulierung des Common Sense.

Wer beispielsweise die unbedingte Notwendigkeit des Genderns oder die Kritik an sogenannter Kultureller Aneignung nicht sieht, der hat sich selbst außerhalb des Common Sense gestellt und sich mithin selbst disqualifiziert. Das aus Jenseitsreligionen bekannte *Mea culpa* kann dann nicht mehr genügen, wer sich schuldig bekennt, der ist *out*.

4. Out-Gründe

Da der Wokeismus über keine explizite Liste verfemter Handlungen und Gesten verfügt, ist von den Menschen ein hohes Maß an Aufmerksamkeit gefordert. Um woke zu sein, muss man daher hinhören, was gerade als woke gilt. Am ehesten wird man dessen gewahr, wenn man Fälle öffentlichen Cancelns beobachtet. Dies würde auch den, der nach einer dreimonatigen Auszeit in den Bergen wieder in die Gesellschaft zurückkehrt, auf die Schnelle belehren, was denn neu verboten ist. Solche Fälle muss man in ihrer Performanz erleben und kann sie nicht etwa in vorauseilender *Vor*-Sicht erahnen. Das würde auch dann nicht funktionieren, wenn man einen weit gedehnten Verletzungsbegriffs zugrunde legen würde. Denn der Wokeismus fokussiert längst nicht auf alle Verletzungen und Ungerechtigkeiten, sondern nur auf ausgewählte Ereignisse, die als historisch-strukturelle Gewalt bezeichnet werden. Auf welche Ereignisse das zutrifft, das wird von Exponenten des Wokeismus bestimmt, erst danach kann sich das Fußvolk um die Ausdifferenzierung in immer weitere Verästelungen des Problems bemühen.

Von den so bestimmten Verletzungsphänomenen werden hier die wichtigsten diskutiert, um das System des Wokeismus besser zu verstehen, die permanent neuen normativen Anforderungen nachvollziehbar zu machen und die damit verbundenen Widersprüche und Defizite aufzuzeigen.

Kulturelle Aneignung

Es war ein heißer Sommerabend, als die Berner Reggae-Band „Lauwarm“ in einer Bar in ihrer Heimatstadt auftrat und bereits nach kurzem Spiel ihren Auftritt wieder beenden musste. Grund des Abbruchs war die Empörung einiger Zuhörer, dass die Reggae spielenden Musiker sich durch diese Musik eine fremde und ehemals unterdrückte Kultur angeeignet hätten. Dieses Vergehen sahen die Beschwerdeführer zusätzlich dadurch belegt, dass zwei der fünfköpfigen Kombo Dreadlocks trugen. Damit, so hieß es, hätten sie die historisch unterdrückte jamaikanische Bevölkerung gleich ein weiteres Mal ausgebeutet.[17] Mit diesem Lokalereignis war der internationale Wokeismus um ein Thema reicher, das seither zum festen Bestand woker Glaubensüberzeugung zählt. Demnach wird als – verbotene und boshafte – kulturelle Aneignung jede Form der Adaption von Kulturgut bezeichnet, sofern dies durch Nachfahren von Täter-Kollektiven geschieht.

Bereits eine solche Identifikation wirft einige Probleme auf, insofern geklärt werden müsste, inwieweit heute lebende Personen für die Verbrechen *ihrer* Vorfahren zur Verantwortung gezogen werden können und sollen. Diese Frage ist nicht nur aufgrund des Rückwirkungsverbotes problematisch, sondern auch wegen der Zwangsverwandtschaft, die zwischen heute lebenden Einzelnen und einem vormals lebenden Täterkollektiv hergestellt wird. Eine solche Verantwortungsbeziehung lässt sich nicht generell, sondern nur fallweise nachweisen.

So können Deutsche ebenso wenig generell für die Verbrechen des Nationalsozialismus in Verantwortung genommen werden, wie Briten für die Kolonialpolitik des Britischen Empires. Dass die Staaten Deutschland und Großbritannien für diese Verbrechen Verantwortung tragen, ergibt sich dagegen aus ihrer Rechtsnachfolge zu den Vorgängerstaaten. Einzelne Bürger dieser Staaten tragen selbstverständlich ebenfalls Verantwortung, dann nämlich, wenn sie sich an den kolonialen oder völkermörderischen Verbrechen beteiligt oder daraus Profit geschlagen haben.

Wo dies nicht der Fall ist, bleibt allein der Verweis auf die, durch die sogenannte kulturelle Aneignung verursachte, Verletzung anderer. Um diesen möglichen Sachverhalt zu beurteilen, ist es wichtig, zu verstehen, dass der Begriff der kulturellen Aneignung deutlich älter ist als der Wokeismus. Dieser Hinweis ist mehr als ein Anspruchsstreit um Urheberschaft und berührt die Frage, ob mit dem Begriff der kulturellen Aneignung überhaupt eine Verletzung markiert werden kann. Das, was mittlerweile unter kultureller Aneignung begriffen wird und dem Wokeismus als eines der stärksten Disziplinierungsmittel dient, wurde nämlich die längste Zeit ganz anders begriffen und sagt damit mehr aus über das woke Neminem Laede- und woke Verletzungs-Verständnis als über den vermeintlich verletzenden Akt. Zugleich offenbart der Wokeismus auch hier ein allgemein fehlendes historisches Bewusstsein und ein verkürztes Verständnis von Macht und Kultur.

Der aus der Ethnologie hervorgegangene und in den *Cultural Studies* diskutierte Begriff der kulturellen Aneignung beschreibt Weisen der kulturellen Kopie und kulturellen Transformation durch vermeintliche Opfer der Kolonialisierung. Daher kann man unter kultureller Aneignung den „Handlungsraum der Machtlosen“ verstehen,[18] wobei auch diese Bezeichnung widersprüchlich ist, sind doch die der kolonialen Macht Ausgesetzten in ihrem Nachahmungsakt gerade nicht machtlos. Ihre Macht bewiesen sie in jedem Falle, egal, ob die Nachgeahmten diesen Affront als solchen erkennen oder nicht. Wenn beispielsweise die lokale Bevölkerung Bekleidungsattribute und Gesten der Missionare übernahmen, so war nicht mehr klar, wer hier die Macht hat und wer der Macht lediglich ausgesetzt ist. Wenn die Einheimischen sich den fremden Bekleidungsstil „selektiv aneigneten" (Hemd in der Hose statt darüber; oberster Knopf geschlossen, statt offen) fand eine Ironisierung des Machtgehabes derer statt, die sich im Machtspiel als die Sieger betrachteten, ohne zu merken, dass ihre Macht durch diese kleinen Gesten gerade erodierte.[19]

Spätestens, wenn die Symbole der Macht ihren ursprünglichen Trägern entgleiten,[20] sind sie keine Machthaber mehr. Wer das Gegenteil behauptet, verwechselt Macht mit Gewalt. Wer aber seine Position mit Gewalt zu behaupten trachtet, hat die Macht längst verspielt.

Nun hätten, der Moral des Wokeismus folgend, die dermaßen verballhornten Missionare gegenüber ihren Spöttern in Schutz genommen werden müssen, was eine recht absurde Vorstellung ist. Der sich derartig in eine Sackgasse verrannte Wokeismus muss auf ein entsprechendes Ansinnen mit der, nur geschlossenen Systemen zur Verfügung stehenden, Härte reagieren und bereits jede differenzierte Analyse des Verbots der sogenannten kulturellen Aneignung canceln.

Der Wokeismus offenbart hier, wie auf anderen Feldern seines Kampfes gegen Verletzungen, gleich mehrere Defizite. Zum einen ist da ein Mangel *an* oder mangelnde Bereitschaft *zur* ergebnisoffenen Auseinandersetzung mit den angemahnten Ereignissen: Wenn Aktivisten des Wokeismus einen *Fall von* entdeckt haben, dann wird dieser in der Regel nicht weiter analysiert oder hinterfragt: *Ein Fall von* Verletzung gilt immer dann als ein solcher, wenn er aussieht, wie Verletzung aussieht. Damit verbleibt man jedoch häufig an der Oberfläche von

Phänomenen und kommt der Sache nicht auf den Grund. Dort, wo der Wokeismus das differenzierte Nachfragen nicht zulässt, erweist er sich dann als Religion und nicht, was er eigentlich zu sein beansprucht, als Ausdruck der Wissensgesellschaft. So wie der Wokeismus sich beim Begriff der Macht nicht um eine Hinterfragung von Sachverhalten kümmert, so vertritt er auch einen Kulturbegriff, der der Komplexität des Phänomens nicht gerecht wird. Die Welt und der Weltengang ist nämlich komplexer als es der Wokeismus in seinen Warnrufen behauptet: Eine kulturelle Dominanz von „Täter-Kulturen" gibt es schon aus dem Grunde nicht, dass Kultur nie eine Einbahnstraße ist. Kultur ist immer ein vielfältiges und polyglottes Gespräch und eben nicht, wie die woke Empörung behauptet, eine im Befehlston gehaltene Rede des mächtigen Einen, der die ohnmächtigen Anderen in Angst, Ehrfurcht oder Demut lauschen.

Damit ihre Theorie aufgeht, müssen die Frontleute des Wokeismus, die mehrheitlich aus dem westlichen Bildungsbürgertum stammen, Komplexitäten, die sie an den Hochschulen gelernt haben, bewusst unterlaufen. Bei den Hochschulen, die sich von der zum Mainstream gewordenen Woke-Bewegung nicht abhängen lassen wollen, hat dies zum Teil zu einem Absenken von Komplexitätsstandards und der Einschränkung von Wissenschaftsfreiheit geführt.[21]

Dem Wokeismus mangelt es jedoch häufig nicht nur an wissenschaftlichen Standards, sondern auch an Ironie. Dieser Mangel führt zum einen zu einem Verlust an ästhetischem Esprit und macht, dass der Wokeismus bei aller produzierten Aufregung häufig so schwer und behäbig daherkommt, wie eine in die Jahre gekommene und dominant gewordene Großreligion. Des Weiteren bringt sich der Wokeismus in seiner Behäbigkeit um die kritische Selbstdistanz, wie sie in Selbstironie zum Ausdruck kommen könnte. Damit läuft der Wokeismus Gefahr, eigene Fehlentwicklungen zu übersehen und ist deshalb immer weniger zum Dialog in der Lage und transformiert stattdessen die Macht, die er mittlerweile erlangt hat, in eine doktrinäre Gewalt. Canceln ist eine Form solcher Gewalt.

Diese Gewalt lässt sich dann nach Belieben gegen Themen sogenannter kultureller Aneignung anwenden. Dem Bann gegenüber europäischen Reggae-Musikern verwandt ist der Angriff auf das Werk von Karl May und dem damit verbundenen Indianer-Kult. Sowohl die Karl May-Romane im Besonderen wie die Verehrung der indianischen Kultur im Allgemeinen bezeichnen Anhänger des Wokeismus inzwischen als unstatthafte kulturelle Aneignung. Für beides gilt, dass die Absicht, in der man sich fremder Kultur zuwendet und sie sich aneignet, unerheblich für den daraus abgeleiteten Bann ist. Dieser kann nicht nur mit der als kolonial geltenden Bezeichnung „Indianer" begründet werden, sondern ebenso mit der als unangemessen betrachteten Freude an sogenanntem indianischem Schmuck und Kleidung. Wer eine solche Sympathie äußert, verletzt nach woker Auffassung die andere Kultur und dies selbst dann, wenn er sich ihr in anerkennender oder gar verehrender Absicht nähert. Der Vorwurf lautet daher entweder auf Diffamierung und Herabwürdigung oder aber auf Raub. Das hier zugrundeliegende Verständnis kultureller Aneignung hat nichts mehr mit dem gleichlautenden Begriff aus den *Cultural Studies* zu tun. Statt aus der Ethnologie stammt der neue Begriff aus der Jurisprudenz. Statt von Anverwandlung des Anderen geht man jetzt von Diebstahl aus. Damit bekommt der Begriff der kulturellen Aneignung die Bedeutung, auf die der Wokeismus seine Empörung und moralische Verurteilung baut.[22] Damit entledigt sich der Wokeismus jedoch nur vordergründig der Notwendigkeit, sich mit der Bedeutung und Funktionsweise von Kultur auseinanderzusetzen. Denn auch das juristische Verständnis von *kultureller* Aneignung wirft einige ungeklärte Fragen auf. So ist es fraglich, ob das neue Verständnis von kultureller Aneignung, welches dieses in Analogie von Eigentumsdelikten versteht, die Sache überhaupt trifft. Ebenso strittig ist, ob man Kultur in Analogie zum Copy-Right-Konzept verstehen kann. Genau dies tut aber der woke Begriff der kulturellen Aneignung. So wie durch das Urheberrecht Autoren ein Eigentum an ihrer kulturellen Leistung zugesprochen und es damit gegen Diebstahl geschützt wird, so könne und müsse daher, behauptet der Wokeismus, Kultur insgesamt verstanden und geschützt werden.[23] Diese Einschätzung passt zu der Neigung des Wokeismus, Individuelles mit Kollektivem gleichzusetzen. Das zeigt sich am woken Verständnis des Copy-Rights: Das Urheberrecht schützt einen Individualanspruch, der aus der Arbeit eines Einzelnen an seinem Werk hervorgeht. Das Urheberrecht leistet daher gleich zweierlei: es garantiert die (ökonomische) Verwertung der Eigenleistung und es anerkennt diese Leistung als Teil der Identität desjenigen, der sie erbracht hat. Zu beidem findet sich indes keine Parallele in der Kultur. Zwar ist das Buch, das jemand geschrieben hat, sowohl Teil der Kultur als auch kulturelles Eigentum der Autorin; das Buch ist aber eben nur ein Teil der Kultur und daher nicht zu verwechseln mit *der* Kultur. Während also an ihren Produkten einzelne Menschen Anteil haben, so gilt das nicht für die Kultur insgesamt. Kultur ist daher ein typischer Fall eines Ganzen, das mehr ist als seine Teile.

Die Vorstellung einer personal zuordbaren Kultur, selbst wenn man darunter ein aus vielen Einzelpersonen bestehendes Kollektiv verstehen würde, stellt ein Missverständnis von Kultur da. Jede derartige Zurechnung würde zur Fragmentierung der Kultur führen. Damit entfällt der Eigentumsbegriff in Bezug auf Kultur, macht dieser doch lediglich Sinn in Bezug auf Teile von Kultur wie Gemälde, Bücher oder Musikstücke. Damit löst sich aber auch der Vorwurf der kulturellen Aneignung weitgehend auf. Endgültig nebulös wird er, wenn man sich klarmacht, dass Kultur gerade von dem lebt, was der Wokeismus inkriminiert: dem Austausch.[24] Denn das dem Vorwurf der kulturellen Aneignung zugrundeliegende Kulturverständnis unterstellt, es gäbe für sich abgeschlossene Kulturen, welche keinen Kontakt zu anderen pflegen. Eine solche „Kultur unter der Glasglocke“ ist aber undenkbar, lebt doch jede Kultur von Austausch, Verständigung sowie Teilhabe und Teilen. Entsprechend verquer wäre es, wollte man, in Analogie des herkunftsspezifischen Reggea-Verbots, alle außereuropäischen Orchester, die sich der klassischen Musik Europas verpflichtet fühlen, verbieten.

Deshalb gilt: Kulturen haben eine per se dialogische Struktur und demnach ist kulturelle Entwicklung immer nur als Fortentwicklung eines Gesprächs zu verstehen.[25] Die Kultur der Welt ist mithin nur im Plural zu begreifen und diese Weltkultur befindet sich in einem ständigen Palaver. Ein solches Kulturverständnis wird vom Wokeismus unterlaufen, indem er in seiner Warnung vor kultureller Hegemonie von so etwas wie einem Zwangsgespräch ausgeht. Mit einer solchen Vorstellung kann jedoch Kultur nicht gefasst werden, so wie damit auch ein Gespräch nicht begriffen werden kann. Diese Fehleinschätzung gleicht derjenigen, welche Macht mit Gewalt verwechselt. Was folgt nun daraus?

Es ist verfehlt, weil falsch begründet, wenn man jede Form der kulturellen Aneignung als übergriffig taxiert. Sind also diejenigen, die so großzügig und inflationär mit diesem Begriff Politik gemacht haben, über das Ziel hinausgeschossen, so ist unbestreitbar, dass es persönliche Angriffe und Diffamierungen im Umgang mit kulturellen Phänomenen gegeben hat und gibt. Nur ist es eben verfehlt, dies als kulturelle Aneignung zu bezeichnen und aufgrund dieses vermeintlichen Vergehens zu verbieten. Der Wokeismus, der bekanntlich von Menschen getragen und getrieben wird, die über eine hohe akademische Bildung verfügen, verstrickt sich in eben dieser Bildung, wenn er immer wieder neue Begriffe für etwas prägt, das wir immer schon benennen konnten. So lag der Kritik an den Dreadlocks, wenn sie von europäischen Menschen getragen werden, implizit die Sorge zugrunde, dass sich dadurch Menschen in und aus Jamaika *beleidigt* fühlen könnten. Es wäre daher also doch viel einfacher (gewesen), das Argument wäre auch so gebaut gewesen. Dann hätte man – möglicherweise – eine ausreichende und überzeugende Begründung des Verbots gehabt, ohne sich auf die Äste einer komplexen Kulturtheorie herauszulassen, die, wie wir gesehen haben, letztlich nicht trägt. So aber handelt man sich mit dem Verbot der Dreadlocks ein weiteres Problem ein, müsste man doch deutlich machen, wann Dreadlocks legitim und wann sie beleidigend sind. Bereits die Debatte um die kulturelle Aneignung hat sich dabei in die Nähe einer rassistischen Argumentation begeben, liefe doch eine streng begründete Verbots-Policy auf die Analyse einer ethnisch begründeten Haarstruktur hinaus. Es gäbe demnach Angehörige von Ethnien, die Dreadlocks tragen dürften und solche denen dies verboten wäre. Will man diesen heiklen Begründungsgang vermeiden, bleibt eigentlich nur noch der Weg, diejenigen, die man vermeintlich schützen will, zu fragen, ob sie sich durch diese inkriminierten Gesten verletzt fühlen. Und hier zeigt sich ein weiteres Problem des Wokeismus: Er tritt häufig advokatorisch auf und ergreift vorsorglich Partei für eine vermeintlich benachteiligte, diskriminierte oder ausgebeutete Gruppe. Dieser aus dem weitgefassten Verletzungsverbot folgende Ansatz riskiert seinerseits zu verletzen: So lange die advokatorische Parteinahme ohne Mandat erfolgt, ist sie paternalistisch und damit entmündigend. Damit wird gerade das verstärkt, was doch vermieden werden sollte, die Verletzung durch Entmündigung. Eine advokatorische Ethik ist nämlich nur dann, aber selbst dann nur unter Einschränkung, zulässig, wenn sie sich für Menschen einsetzt, die nicht in der Lage sind, in eigener Sache zu sprechen. So gut gemeint sie auch sein mag, eine advokatorische Ethik sieht im zu schützenden Gegenüber einen Unmündigen, der nur durch das Engagement des aufgeklärt Mündigen zu eigener Mündigkeit geführt werden kann.[26] Und damit gerät dieser *Ermündigte* in erneute Abhängigkeit, nämlich die des Dankes gegenüber seinem Befreier. Um diese Entwicklung zu vermeiden, müsste die advokatorische Ethik ganz aufgegeben werden und sich das woke Engagement auf Fälle beschränken, in denen es nicht um vermeintliche, sondern um reale Opfer geht, in denen also Menschen sagen, dass sie sich verletzt fühlen. Diese Verletzungsverlautbarung wäre jedoch auch nicht in jedem Fall unproblematisch, stellte sich doch hier das Problem der *Mikroaggression* bzw. des *Mikro-Leidens.*

Mit Mikroaggression wird die Verletzung eines Menschen beschrieben, die real, aber, wie die Bezeichnung schon sagt, sehr klein ist, was man daran sieht, dass auch das Leiden klein ist. Ein extrem geweiteter Neminem-Laede-Ansatz müsste jedoch auch hier, unbesehen der Eingriffstiefe, aktiv werden. Ob und inwieweit das sinnvoll ist, ist aber die Frage. Die drohende Gefahr einer inflationären Verwendung ist auch in diesem Falle nicht auszuschließen,[27] was deshalb problematisch ist, weil dadurch die Spirale von Schuld und ungesühnter Verletzung immer weitergedreht wird, es also immer mehr Täter und immer mehr Opfer gibt. Die künstliche Ausweitung der Verletzungszone hat aber eine gesellschaftlich spalterische Wirkung und zeigt bereits heute Anzeichen einer nachhaltigen Beschädigung der modernen Gesellschaft.[28]

„Kulturelle Aneignung", so wie sie vom Wokeismus verstanden und als Instrument gesellschaftlicher Disziplinierung und Lenkung gesehen wird, ist, statt mit einem Papiertiger mit einem großen Potemkinschen Dorf zu vergleichen. Und wie dieses, so verfehlt es nicht seine Wirkung, auch, wenn da nichts ist.

Antirassismus

Nicht immer, aber häufig, sollen mit dem Begriff der kulturellen Aneignung rassistische Haltungen und Einstellungen gebannt werden, wie dies beispielsweise beim *Blackfacing* der Fall ist. Damit befindet sich der Wokeismus an seinem historischen Ursprung, der amerikanischen Bürgerrechtsbewegung. Die offene und mehr noch die verdeckte, weil implizite, Gewalt gegen Schwarze in den USA hat zu einem allmählichen Aufwachen der Mehrheitsgesellschaft geführt bei dem dann einmal der Zeitpunkt erreicht war, dass die Aktiven den schläfrigen Passiven ein *wake up!* zurufen konnten. Woke ist man demnach, wenn einen die direkte oder die strukturelle Gewalt, wie sie beispielsweise Rosa Parks erfahren hatte, nicht weiter schlummern lässt und man sich dagegen erhebt, dieses Unrecht als solches benennt und den Kampf dagegen unterstützt.

Diesem Anliegen widmet sich auch die 2013 gegründete Bewegung *Black Lives Matter*, BLM, die sieben Jahre später, nach der Ermordung von George Floyd, zu einer internationalen Bewegung wurde. Floyd war nach einer Polizeikontrolle durch Polizisten getötet worden. BLM wurde schließlich zum Aushängeschild und Identifikationszeichen des Wokeismus. Und so gilt ein BLM-Bekenntnis inzwischen als Standard eines aufgeklärten Bewusstseins und als Eintritts-Ticket in die woke Gesellschaft.

Für den Wokeismus gilt die Internationalisierung der BLM-Bewegung als großer Erfolg und als Beleg seiner globalen Bedeutung. Mit dem BLM-Slogan glaubt der Wokeismus zugleich, über ein einfaches Prüfkriterium zu verfügen, das, wie ein Lackmus-Test, die Weltgesellschaft in gut und böse teilt. Das scheint umso mehr möglich, als mit dem Slogan „Black Lives Matter" ein normativer Anspruch formuliert ist, dem sich Menschen guten Willens kaum widersetzen können.

Dennoch fragt sich, was mit der Instrumentalisierung der BLM-Bewegung durch den internationalen Wokeismus gewonnen ist. Es gilt nämlich zu beachten, dass der BLM-Slogan, wenn er aus seinem regionalen Ursprungs- und Konfliktfeld herausgenommen und globalisiert wird, seine Bedeutung verändert. Dann drängen sich Fragen auf wie: Was ist mit den anderen Leben, zählen die nicht oder zählen sie zumindest weniger? Unvermeidlich gerät man so in eine politische Farbenlehre. Für die BLM-Bewegung ist das heikel, verfolgt sie doch das Ziel, die vorbehaltlose Anerkennung Menschen schwarzer Hautfarbe und damit ein Konzept, das farbneutral ist. Dabei gilt, dass farbneutral nicht gleich farbblind ist. Farbblindheit wäre es, würde man die historischen Erfahrungen entrechteter Menschen als für ihren Befreiungskampf irrelevant erachten.[29] Mit Blick auf BLM bedeutet das, dass der historische und der gegenwärtige Rassismus in den USA nicht außer Acht gelassen werden kann, wenn ein Würde-Konzept verteidigt wird, in dem die Hautfarbe der Würdeträger keine Rolle spielen soll.

Um ihr Ziel der Anerkennung zu erreichen, will die BLM-Bewegung nicht auf abstrakter, sondern auf konkreter Ebene argumentieren. Dazu bedient sie sich eines erfahrungsgesättigten Begriffs von Würde, eines Würde-Verständnisses also, das nicht „flach“, sondern „füllig“ ist.[30] Auf diesem Argumentationsweg benutzt BLM den Begriff *Race*, dessen Berechtigung sie zwar leugnet aber für die Entrechtung von Menschen schwarzer Hautfarbe als ursächlich identifiziert.[31] Dieser Argumentationsansatz hat in der konkreten politischen Auseinandersetzung seine uneingeschränkte Berechtigung, ist aber zugleich der Grund dafür, dass eine Ausdehnung über seinen originären Ursprungsort hinaus die Bewegung in Widersprüche verstrickt. Denn dann erweist sich beispielsweise die Bezeichnung „black“ als regressiv gegenüber dem inklusiven Begriff „People of Color“.[32]

Sobald die BLM-Bewegung vom Wokeismus vereinnahmt wird, zeigt sich ein weiteres Problem: So wie die Anliegen der Bürgerrechtsbewegung ist auch das Anliegen von BLM eines, auf das der Aufruf „Woke!“ in seiner ursprünglichen Bedeutung von „Wacht endlich auf!“ passt. In der Übernahme durch den Wokeismus tritt dieses Anliegen jedoch mehr und mehr in den Hintergrund und dies in dem Maße, in dem der Wokeismus das ursprüngliche Anliegen als Empörungsstoff für das Gesamtanliegen des Wokeismus nimmt. Das bietet dem Wokeismus dann die Chance, BLM als Synonym für Entrechtung und Unterdrückung durch *das System* oder durch den *„weißen alten Mann“* zu machen. Die leidvolle Geschichte, auf die Bürgerrechts- und BLM-Bewegung reagiert haben, schrumpft dann zu einer Chiffre für alle möglichen Fälle von Unrecht. Vor dem Hintergrund einer moralisch hochaufgeladenen Debattenkultur lässt sich nun mit kleinsten Symbolen große Politik machen: Hand aufs Herz, erhobene Faust, Niederknieen mit gesenktem Kopf, – all das wird nun zu einer Aussage. Wer solche Gesten zeigt, der liefert damit gleichsam den Auslöser zu dem Podcast, der eine ganze lange Leidensgeschichte zum Laufen bringt. Da Symbole aber auch von Anti-Symbolen leben, gilt auch das Umgekehrte: Wer diese Symbole nicht teilt, der zeigt nach wokeischem Sprachverständnis, dass er sich nicht über das symbolisierte Unrecht empört. Und damit evoziert er das entscheidende Verdikt: Wer sich nicht empört, der stimmt zu. Ist diese Moral-Logik einmal etabliert, dann entsteht ein *Empörungs-Perpetuum-Mobile*: Wer sich nicht unmöglich machen will, der muss sich einfach immer weiter empören.

Für den Antirassismus, den der BLM vertritt, bedeutet dies nichts Gutes. Der geschichtsblinde Wokeismus hat für das ursprüngliche Anliegen keinen Sinn und nutzt dieses lediglich als willkommenes Signal, um Masse zu machen. Die Exponenten der BLM-Bewegung stehen solchen Vereinnahmungsversuchen jedoch hilflos gegenüber: Da eine Verbreitung ihres Anliegens und damit eine Vergrößerung ihrer Zustimmungsbasis in ihrem Interesse zu liegen scheint und sie auch schlecht als diejenigen auftreten können, die sich gegen einen solchen Trend stellen, müssen sie fast hilflos mit ansehen, wie ihre Geschichte politisch vermarktet und damit entwertet wird. Dass dies, wie im Moralismus üblich, im Interesse der guten Sache erfolgt, hilft dabei wenig. Gleichfalls kann sich die BLM-Bewegung kaum gegen die weitere, damit zusammenhängende Entwicklung wehren, ihrer eigenen Entmündigung. Denn die Internationalisierung ihres Anliegens bringt es mit sich, dass Black-Live-Matters zunehmend von Menschen vereinnahmt und vertreten wird, denen die Geschichte und die Geschichten, um die es geht, nichts sagen. Für solche inhaltsentleerten Geschichten hat sich der Begriff des Narrativs etabliert, der, weil ohne Inhalt, auch inflationär gebraucht werden kann. Narrative zu erzählen und weiter zu spinnen, kostet nichts, sind sie doch ohne das emotionale Gewicht, welches unsere Aufnahmekapazität an Geschichten natürlicherweise begrenzt. Demgegenüber kann man die ach so leichten Narrative immer weiter weiterspinnen.[33] Und auch hier zeigt sich ein Perpetuum-Mobile-Effekt: Weil sie gleichsam gratis zu haben sind, vermehren sich Narrative pandemisch: Jeder hat immer schon irgendetwas gehört, das irgendwie mit irgendwas anderem, das mit der großen Sache von Entrechtung und Unterdrückung zu tun hat, zusammengehört. So entwickelt sich der Wokeismus zunehmend zum *Großen Irgendwie*.

Es überrascht nicht, dass die BLM-Bewegung in dieser Entwicklung das Heft aus der Hand genommen wird und sie an Macht verliert: Sind Bürgerrechtsbewegungen doch ursprünglich gesellschaftliche Treiber, so wird die BLM-Bewegung je mehr Support sie vom globalen Wokeismus erfährt, zur Getriebenen. Der Erfolg, auf der ganz großen Bühne angekommen zu sein, erweist sich als Pyrrhus-Sieg. Die Bewegung, die gegen Unterdrückung und Bevormundung angetreten war, muss zumindest letztere akzeptieren und sogar aktiv unterstützen, will sie nicht in der Bedeutungslosigkeit verschwinden. Denn das gehört auch zur Logik des Wokeismus: Wer einmal auf der globalen Bühne angekommen ist und dort in der ersten Reihe mitspielt, kann sich nicht mehr in die zweite Reihe zurückziehen. Der Wokeismus wirkt wie eine grandiose Welt-Show und die kennt nur *A-Groups*. B-Groups in der zweiten Reihe gibt es nicht. Das ist deshalb tragisch, weil nur noch in der zweiten Reihe so etwas wie

Selbstbestimmung möglich ist. So aber bleibt die BLM-Bewegung *on stage*, ihre Exponenten blasen nicht zum Rückzug, obwohl sie mit ansehen müssen, dass das, was sie doch erreichen wollten, nämlich selbst über die eigene Geschichte bestimmen zu können, sich im Glitter der Welt-Show auflöst.

Erneut verraten und verkauft worden zu sein, das fällt den Exponenten der BLM-Bewegung dabei weniger auf als den normalen Menschen, von deren leidvollen Geschichten die Bewegung doch lebt. Die Exponenten bemerken den Verkauf von Geschichte und ihre Transformation in bloßes Marketing in der Regel zu spät, weil sie von diesem Verkauf gut zu leben gelernt haben. Dabei muss es gar nicht unbedingt um monetäre Effekte gehen, es kann sich auch um den im Welt-Wokeismus zu erlangenden Helden-Status handeln. Auch hier gilt: Eine zweite Reihe gibt es nicht. Wenn Helden einen Schritt zurücktreten, dann fallen sie; ein Held, der zurücktritt, ist keiner mehr.

Und der Anti-Held ist nicht nur tot, schlimmer noch, er ist Feind. Deshalb klammern sich die BLM-Helden an die ihnen vom Wokeismus verliehene Rolle. Dabei geht es ihnen nicht anders als den anderen Helden des Wokeismus: Sie sehen, dass es kein Zurück gibt, da sie andernfalls die Unterstützung ihrer Anhängerschaft verlieren würden. Die Gefolgschaft zeigt sich ihrerseits irritiert über das, was mit ihren leidvollen Geschichten geschieht: Die Frontleute der Bewegung verheizen permanent die Geschichten, die die anderen jeden Tag erleben und erleiden. Die normalen Menschen, die sich nicht am Rampenlicht wärmen können und weiter in der Kälte stehen, müssen zusehen, dass ihnen der Ausverkauf ihrer Lebensgeschichten keinerlei Benefit gebracht hat.

Gendern

Als Erfindung des intellektuellen Milieus ist der Wokeismus von Beginn an ein sprachpolitisches Projekt gewesen. Daher verwendete der Wokeismus auch viel Aufwand auf die Reglementierung und die Neugestaltung der Sprache und entwickelte vielfache Rede- und Schreibregeln, welche zur Linderung historischen Unrechts beitragen und die Fortdauer von Verletzung vermeiden sollten. Dem Anliegen, Ungerechtigkeit zu verringern und bestenfalls zu vermeiden, sieht sich auch das Projekt des Genderns verpflichtet und versteht sich dementsprechend als Beitrag zur *Gendergerechtigkeit*.

Was jedoch genau darunter zu verstehen ist, ist ebenso wenig klar wie die Frage, wo Gendergerechtigkeit beginnt und wo sie aufhört. So kann man das Anliegen einer Frau, die von ihrer Sparkasse nicht als „Kunde", sondern als „Kundin" angesprochen werden möchte und die in ihrem Pass als Inhaber*in* desselben bezeichnet werden will, als Fall von Gendergerechtigkeit betrachten und sich mit gutem Grund über den ablehnenden Bescheid beklagen.[34] Solche Fälle zählen jedoch nicht im engeren Sinne zum Gendern, da die eingeklagten sprachlichen Anpassungen schon immer möglich gewesen wären, waren die entsprechenden Worte „Kundin" und „Inhaberin" doch bereits vorhanden.

Unter Gendern wird ein unter dem Slogan der Gendergerechtigkeit betriebener massiver Umbau der Sprache verstanden. Das Gendern zählt mittlerweile zum Kernbestand woker Empörungspolitik, die mit den Mitteln der Diffamierung und der Cancel-Drohung betrieben wird. Dass die Sprache und mit ihr das Schreiben in Mitleidenschaft gezogen werden, wenn beispielsweise das Wort „Mutter" ersetzt wird durch „gebärende Person", es statt „Kollegen und Kolleginnen" neu heißen muss „Kolleg*innen" und die Person, die einer Ärztin hilft, als „Arzthelfer·in" bezeichnet wird, deren Aufgabe es ist, „ein*e Patient*in" in das Behandlungszimmer zu führen, dass all dies kompliziert ist, wird man kaum bestreiten können: Solche Maßnahmen machen das Schreiben kompliziert, verunstalten das Schriftbild und tragen zu Verwirrung bei. Wenn man nämlich vollständig inkludieren will, müsste man *„Leser*in"* oder aber *„Autor_in"* schreiben, oder besser gleich von *„trans*, inter* und/oder nicht binären Menschen"*. Zusätzlich könnte mit *„_oder*"* die Möglichkeit der Selbstdefinition gegeben werden. Wird bereits solches Schreiben zur hürdenreichen Herausforderung, so gilt das umso mehr fürs Sprechen, das unweigerlich ins Stocken gerät. Laut der Duden-Genderempfehlung ist solches Stakkato-Sprechen aber gewollt und gehört, wenn wir den selbsterklärten Hütern der deutschen Sprache folgen, bald zum guten Ton: Wir müssen dann also beispielsweise so reden: *„Journalist [kurze Pause] innen"*.[35]

Es sind aber nicht nur diese Stolpersteine, die nun in die Sprache und das Leben gebracht werden, welche als Ärgernis wahrgenommen werden können, mehr noch fällt auch hier wieder das fehlende Verständnis von Kultur auf: Die Exponenten der woken Genderbewegung stellen Kultur unter Ideologieverdacht und entlarven sich dabei selbst als Ideologen.[36] Dass sie das sind, bestätigen die Frontleute des Wokeismus mit dem Werkzeugkasten ihrer Sanktionsinstrumente aus dem sie sich je nach Laune und politischer Notwendigkeit bedienen. Dass der Wokeismus auch hier, wie alle Machthaber, flexibel ist und je nach dem so oder anders redet, lässt sich in einer anderen halboffiziellen Gender-Regel nachlesen. Um nur ein Beispiel herauszugreifen: „Briefträger" soll neu vermieden werden – obwohl die Sprache hier leicht zwischen einem Mann und einer Frau – nämlich dem „Briefträger“ und der „Briefträgerin“ – unterscheiden kann und stattdessen soll nur noch von „Briefzustellung“ die Rede sein.[37] Das Beispiel scheint zunächst harmlos, bei näherer Betrachtung sieht man, was passiert: Die *Versachlichung* der Rede treibt den Menschen aus: Denn ist es doch unbestritten, dass die *Briefträgerin* die *Briefzustellung* leistet, was aber nicht, wie hier behauptet, bedeutet, dass sie identisch mit dieser ist.

Das Programm des Genderns zeigt als dessen Teilprogramm die gleichen Probleme wie der Wokeismus insgesamt: Es arbeitet mit einer starken moralischen Aufladung[38] und mit entsprechend starken Sanktionsdrohungen, zeigt sich blind für kulturhistorische Entwicklungen und erreicht bei alledem nicht das selbstgesteckte Ziel einer Gleichstellung der Geschlechter oder eine Verringerung systemischer Ungerechtigkeit. Letzteres zeigt sich beispielsweise an den relevanten Fakten: Der Gender-Lohn-Gap besteht weiterhin und es ist in keiner Weise erkennbar, dass dieser durch eine gendergerechte Sprache verringert werde.

Dieser Skandal müsste den Exponenten des Wokeismus eigentlich zu denken geben und sie motivieren, ihre Kräfte auf den Kampf gegen dieses Übel, statt der Sprache, zu fokussieren. Möglicherweise gelten aber den mehrheitlich geisteswissenschaftlich gebildeten Exponenten des Wokeismus Kämpfe auf dem Felde von Kultur und Kulturindustrie als attraktiver als jene auf der Ebene von Tarifverträgen. Und so geht es trotz aller vehement geäußerten gegenteiligen Meinung auch beim Gendern vor allem um den Selbstzweck, also ein *l’ art pour l’art* und dem scheint es egal zu sein, dass es nicht schön ist.

Woker Kapitalismus

Als starkes Moralsystem verfügt der Wokeismus nicht nur über ein starkes Sanktionssystem, sondern auch über ein starkes Anreizsystem, das sich aus der Vermeidung der Sanktionen ergibt. Deshalb gilt: je größer die drohenden Strafen, umso größer ist der Anreiz diesen zu entgehen. Für Religionen, egal ob es sich um Diesseits- oder um Jenseitsreligionen handelt, ist das Wechselspiel von Bestrafung und Belohnung ein wichtiger Antriebsmotor. In der so entstehenden Wettbewerbssituation können sich die Akteure gegenseitig in der Vermeidung von Handlungen, welche als böse gelten und deshalb mit Sanktionen belegt sind zu überbieten trachten. Der Einzelne fährt dann schon eine Belohnung durch die Vermeidung seiner Bestrafung ein und die Allgemeinheit profitiert von der permanenten Verbesserung der Welt. Der Slogan lautet dann: „Alles wird gut."

Die Rechnung ist dabei ganz einfach und kann von jedem wachen Zeitgenossen jederzeit selber aufgestellt werden: Wer sich an die Regeln hält, der ist deshalb noch nicht gut, gilt aber immerhin vorläufig als nicht böse und erspart sich mithin schmerzliche Sanktionen und verbessert sich damit gegenüber dem Mitbewerber auf dem *Sanktionsvermeidungsmarkt*. Regelkonformes Verhalten wird solchermaßen zwar nicht mit absoluten, aber immerhin mit relativen Renditen belohnt. In einer *Kultur der Aufmerksamkeit* garantieren solche relativen Verbesserungen – welche also in der Vermeidung konkreter Verschlechterung bestehen – bereits Gewinn. Dies erklärt auch die breite und zunehmend größer werdende Unterstützung, welche der Wokeismus erfährt, der sowohl von positiver wie auch von negativer Aufmerksamkeitssteigerung lebt.

Mit der negativen Aufmerksamkeit, also dem Unsichtbarbleiben, lässt sich vermieden, dass sich die Sanktionsmaschinerie des Wokeismus gegen einen in Gang setzt und womöglich gar überrollt. Dies setzt jedoch gleich eine dreifache Aufmerksamkeit voraus: Man muss das sich ständig ändernde Sanktionssystem kennen, man muss sein eigenes Verhalten danach ausrichten und man darf bei alle dem die anderen nicht aus dem Blick verlieren. Letzteres ist deshalb wichtig, weil man immer auch ökonomisch denken muss: Es bringt wenig, sich sanktionskonform zu verhalten, wenn man dabei der einzige ist. Denn wenn sich niemand um die Verbote schert, gewinnt man noch nicht einmal einen relativen Vorteil, wenn man allein folgsam ist. Die Kunst des gewinnbringenden Vorteils bedarf eines Gespürs dafür, wann die kritische Menge an Regelkonformen erreicht ist, so dass man durchs Mitmachen einen relativen Vorteil einfahren würde. Im Wokeismus sind alle permanent zu solchen Abwägungen und Einschätzungen aufgerufen, so dass tendenziell alle jederzeit mit dem Bilanzieren ihrer Verstöße beschäftigt sind.

Dass in dieser Wettbewerbssituation sich die Akteure, die immer schon auf Wettbewerb fokussiert sind, besonders hervortun und ein eigenes Marktsegment entwickelt haben, kann nicht überraschen. Und so gibt es eben auch einen woken Kapitalismus.

Von den bislang diskutierten Out-Gründen unterscheidet sich der woke Kapitalismus dadurch, dass sein Handeln nicht, wie bei der Kulturellen Aneignung, dem Antirassismus oder dem Gendern, durch die Furcht des Cancelns geprägt ist, sondern durch den Wunsch getrieben ist, schlechte Presse zu vermeiden und damit auf dem Aufmerksamkeitsmarkt keine Abwertung zu erfahren.

Die Unternehmen, die diese Gefahr zu vermeiden trachten, werden, wenn sie gelernt haben, auf der Klaviatur von wokem Verbot und woker Belohnung zu spielen, sich auf das besinnen, was gutes Unternehmertum ausmacht: Innovation. Innovative Unternehmen im Felde der durch den Wokeismus geprägten Gesellschaft werden woke-analoge Initiativen ergreifen, mit denen sich nicht nur in der woken Aufmerksamkeitsökonomie punkten, sondern mit denen sich auch Geld verdienen lässt. Einen niederschwelligen Einstieg auf diesem Markt stellt die Verwendung woker Symbole dar, wie Regenbogenfarben oder die Verwendung gendergerechter Sprache. Ein Unternehmen, dass sich mit solcher Symbolik umgibt, kann darauf hoffen, vom Establishment des Wokeismus nicht nur nicht abgestraft zu werden, sondern auch dem Fußvolk der Bewegung empfohlen zu werden. Da die Symbole nichts kosten, winkt hier also dicke Rendite. Allerdings muss man dabei zielgruppenorientiert vorgehen. Das Marketing woker Unternehmen beherrscht das und weiß daher zu differenzieren, was wo passt. Sind die Regenbogenfarben in Europa ein Muss, sind sie, wie die deutschen Autobauer wissen, in Saudi-Arabien ein No-Go.[39]

Der Beginn des woken Kapitalismus markiert eine deutliche Ausweitung des Wokeismus, geht es doch nun im wahrsten Sinne ums Eingemachte einer Gesellschaft: ihre Ökonomie. Überraschend ist diese Entwicklung nicht: In einer Total-Moralisierung der Lebenswelt, die so viel Böses entdeckt oder deklariert, müssen sich die Unternehmen etwas einfallen lassen, um dem ohnehin bestehenden gesellschaftlichen Generalverdacht, der das Geld an sich und *das* Kapital zum Bösen rechnet, zu entgehen und auf die Seite des Guten zu wechseln. Ein solcher Wechsel gelingt, wenn ein Unternehmen, vornehmlich ein global agierender Konzern, die ganze

Welt glauben machen kann, „gar kein Kapitalist", dafür aber „nachhaltig und achtsam, bunt und international" zu sein.[40] Um das zu erreichen, muss natürlich das ganze Team vom neuen bunten Spirit erfasst sein und den gesellschaftlichen Ton in sich aufgesogen haben. Entsprechend verstehen sich mittlerweile auch multinationale Konzerne mit hochkomplexen und hochproblematischen Lieferketten als antirassistisch, kultursensibel und gewaltfrei.

Man mag sich kaum auszumalen, wie herrlich die Welt wäre, wenn sie wirklich dem woken Marketing-Kapitalismus entspräche. Dass dem nicht so ist, und bunter Schein und graue Wirklichkeit weit auseinanderklaffen, interessiert indes die Exponenten des Wokeismus wenig, würden sie sich doch ansonsten bemühen, die Wirklichkeit zu ändern, statt lediglich das Reden über dieselbe zu verändern. Und so verändert sich beispielsweise die Wirklichkeit rassistischen Unrechts nicht dadurch, dass Firmen auf ihren Homepages farbige Menschen abbilden; das ändert sich auch dann nicht, wenn sie diese deutlich häufiger zeigen, als es ihrem gesellschaftlichen Anteil entspricht.

Woker Kapitalismus ist aber nicht nur Schall und Rauch, sondern zum Teil auch nicht besser als der brutale Kapitalismus vormoderner Prägung, für den der Begriff der Ausbeutung verwendet wurde. Denn wenn mit farbigen Menschen der europäische Marketing-Auftritt europäischer Firmen, die ja nach woker Logik als „weiß" gelten, betrieben wird, dann ist das eine Form der Ausbeutung und Vermarktung von Menschen, die auch nicht dadurch besser wird, dass man seine Vorurteilsfreiheit damit öffentlich zur Schau stellen will. Im Gegenteil dokumentiert man damit nicht Respekt, sondern Herablassung.[41]

5. Schadensmaximierung

Der Wokeismus richtet, trotz seiner hehren Absichten, Schaden an, welcher nicht nur die Themen, die sich der Wokeismus auf die Fahnen geschrieben hat, beschädigt, sondern die Gesellschaft insgesamt.

Allgemein lässt sich feststellen, dass das Klima der Grundverdächtigung, welches der Wokeismus als Wächter des richtigen Redens und des richtigen Denkens verbreitet, der Gesellschaft nicht gut tut. Ein Klima, in dem jeder permanent fürchtet, einen Fehler zu machen, der so klein oder unbedacht er auch sein mag, von den Wächtern der neuen Tugend als schwere Entgleisung gesehen wird auf die tendenziell der Ausschluss („Canceln!") steht, beschädigt auf Dauer eine Gesellschaft: Menschen getrauen sich nicht mehr zu sagen, was sie denken, nicht mehr zu denken, was sie zu sagen wünschen und halten sich für potenziell erledigt. Denn die Diesseitsreligion, die so viele Ähnlichkeiten mit einer Jenseitsreligion hat, kennt deren Trost nicht: die Gnade.

Die Dauer-Verunsicherung, die durch die vom Wokeismus angeheizte Dauer-Empörung hervorgerufen wird, bildet ein negatives, bedrückendes Stimmungsbild, welches so gar nicht zu den vielen bunten Farben passen will und das macht, dass immer mehr Menschen zwar der Moral des Wokeismus Folge leisten, sich aber ansonsten nicht mehr an der Gesellschaft beteiligen. Für diesen Rückzug gibt es neben der veränderten Stimmungslage einen weiteren Grund: Die Grundlage des gesellschaftlichen Diskurses ist unter der Ägide des Wokeismus so verändert worden, dass viele Menschen die Gesellschaft, in der sie sozialisiert wurden, an der sie gebaut und die sie gegen ihre Feinde verteidigt haben, nicht mehr wiedererkennen. Dies wird bereits an ausgewählten Diskursveränderungen deutlich.

Erbschuld-Lehre

Die Mehrheit der Menschen in den modernen Gesellschaften verstand sich und die anderen bislang und bis zum Beweis des Gegenteils als unschuldig. Die bis anhin geltende Unschuldsvermutung ist die Basis und Voraussetzung gedeihlichen Miteinanders: Denn wie wollte man auch miteinander umgehen, wie sich selbst entwickeln, wenn man den anderen von vorneherein mit Misstrauen begegnete? Begegnung setzt Vertrauen voraus, das auch deshalb so wichtig ist, weil sich Menschen nur in der vertrauten Begegnung mit anderen entfalten können. Wenn Menschen aber unter generellen Schuldvorbehalt gestellt werden, fallen sie mehr oder weniger als beziehungsstiftende und die Selbstbeziehung unterstützende Gegenüber aus. Diese Beschädigung in der Selbstfindung und Selbstentwicklung verstärkt sich, wenn die Schuldvorbehalte nicht allein die anderen treffen, sondern einen selbst nicht ausnehmen. Dies aber ist mittlerweile für die meisten Menschen der Nordhalb-Kugel der Fall. Denn diese Menschen rechnet der identitätspolitische Wokeismus zum Tätervolk, also zu den Nachfahren von Unterdrückern und schreibt ihnen eine bis heute nachwirkende Schuld an den bestehenden Ausbeutungs- und Unterdrückungsverhältnissen zu. Die so konstruierte Schuld lässt sich einfach auf Begriffe bringen: *„die Europäer“*, der *„alte, weiße Mann“*, so lauten die Täter. Da die Begriffe, wie im Wokeismus üblich, nie scharf und eher fließend gebraucht werden, sind mit „Europäer“ nicht nur die Menschen auf dem europäischen Kontinent gemeint; US-Bürger gelten unter dem Schuldvorwurf ebenso als Europäer, dies ist zumindest dann der Fall, wenn sie weiß und christlich sind.

Solche Begriffsausdehnungen bei gleichzeitiger Einengung sind ebenso typisch für den Wokeismus wie die Tatsache, dass er sich in seinem antirassistischen Befreiungskampf ethnischer Zuschreibungen bedient und diese kraft seiner selbstetablierten Argumentationslogik braucht. Der identitätspolitisch agierende Wokeismus hat sich festgelegt, er kennt keine Menschen, sondern nur Mitglieder von Menschen-Kollektiven. Daher argumentiert er auch nicht individualistisch, sondern kollektivistisch. Ironischerweise ist dieser Ansatz ausgerechnet im antirassistischen Wokeismus etabliert. Auch hier wirkt das Gut-Böse-Schema als Erklärungsansatz, steht doch „weiß" für Täter und „nicht-weiß" für Opfer.

Dieser Schematismus findet sich auch bei „christlich". Da „das Christentum" für „Europa" steht und Europa für den Kolonialismus, lassen sich auch hier die Täter leicht ausmachen. Der Wokeismus ist, wie wir gesehen haben, geschichtsblind, er ist aber auch soziologisch blind. Und so ignoriert er die Tatsache, dass in ehemals christlich geprägten modernen Gesellschaften viele zögern würden, sich selbst als christlich zu bezeichnen und wohl auch unsicher wären, zu sagen, was unter christlich eigentlich zu verstehen ist.

Das weitere Problem des identitätspolitischen Arguments zeigt sich darin, dass der Wokeismus die Kollektividentitäten meist selbst etabliert und sich in den seltensten Fällen auf Selbstzuschreibungen bezieht. Deshalb fungieren die Identitäten wie Schubladen, in denen die Vielfalt und Widersprüchlichkeit der Gesellschaft verstaut werden kann und deren Beschriftung zeigt, ob darin die Guten oder die Bösen einsortiert sind.

Eine weitere Schwierigkeit solcher an Merkmalen festgemachten Schuldzuschreibungen besteht darin, dass diese Merkmale auch auf die meisten Exponenten des Wokeismus zutreffen. Und hier zeigt sich als weiteres Problem die Eigenheit säkularer Religionen. Die woke Schuldzuschreibung bedeutet letztlich den Ausschluss der Schulddigen und wirkt daher wie das Verdammungsurteil einer Jenseitsreligion. Da aber die Frontleute des Wokeismus meist selbst zu den selbsterklärten Schuldkollektiven zählen, also „weiß", „europäisch" und „christlich" sind, müssten sie eigentlich unter das selbstdefinierte Verdikt der Bewegung fallen. Damit aber müssten sich diese Vordenker des Wokeismus selbst canceln. Dies können sie nur dadurch vermeiden, dass sie besonders engagiert und progressiv die Sache des Wokeismus vertreten.

In dem sie sich an die Spitze der Bewegung stellen und mit immer wieder neuen und mit immer spitzfindigeren Begriffsunterscheidungen Schuld und deren schuldige Verursacher ausfindig machen, nehmen sich die Frontleute selbst aus der Schusslinie. Sogar, wenn tendenziell alle schuldig sind, die Vertreter des Wokeismus sind es nicht, zumindest noch nicht. Denn auch hier zeigt sich das Verhängnis der fluiden Begrifflichkeit: Im Wokeismus kann sich niemand sicher wähnen; auf lange Sicht ist jeder schuldig. Diese Dynamik, die einmal das Ende der Bewegung einleiten wird, führt aber zunächst noch zu ihrer Beschleunigung und Ausweitung. Und das dafür bewährte Mittel der Schuldzuweisung muss immer mehr und immer hemmungsloser angewendet werden, gleichsam ohne Rücksicht auf Verluste. Das bedeutet konkret, dass immer weniger und immer seltener argumentiert und immer häufiger dogmatisiert wird.

Wenngleich die Exponenten des Wokeismus selbst ihre Bewegung niemals als Religion bezeichnen würden, so bedienen sie sich doch ungehemmt religiöser Versatzstücke wie Dogmen, die jenseits von Argumenten gesetzt sind und mithin diese auch nicht zu fürchten brauchen. Identitätsbegriffe wie der „alte weiße Mann“ oder „Europa“ stehen für solche Schulddogmen, die einmal aufgestellt, unbedingte Geltung beanspruchen. Um diesen Geltungsanspruch nicht in Gefahr zu bringen, lehnt der Wokeismus auch jede kritische Analyse der Kolonialgeschichte oder gar eine vorurteilsfreie Betrachtung des Projekts der Aufklärung kategorisch ab. Denn die Dogmen gelten, jeder Versuch sie zu hinterfragen gilt als Häresie und als Sünde. Die größte Sünde wider den Wokeismus ist, wie bei jeder Religion, die Dogmenkritik, insbesondere die der Erbschuldlehre.

Die Erbschuld in Frage zu stellen, sind jedoch die Schuldbeladenen aus verschiedenen Gründen motiviert. So kann es sein, dass sie ihre Schuld einfach nicht einsehen, weil sie keiner eigenen schuldhaften Handlung entspricht. Die Schuldleugnung kann aber auch eine Reaktion auf die Ausweglosigkeit sein, in welche sie die woke Diesseitsreligion gebracht hat. Denn eben das macht den Unterschied zur Jenseitsreligion aus: Wo diese eine Entschuldung im Jenseits vorsieht, kennt die Diesseitsreligion nur die immerwährende Fron der Arbeit an sich selbst. Der Schuldberg ist aber schlicht nicht abzutragen. Wenn man ein Bild für die quälende Arbeit des Sisyphos finden will, der Wokeismus liefert es: die unendliche Arbeit an der eigenen Schuld.

Um scheinbar gutwillige und selbstkritische Arbeiter am eigenen Schuldberg immer wieder zu entmutigen und sie damit wegen vermeintlicher Hybris zu bestrafen, die sie glauben macht, sie könnten ihre Schuld tilgen, greift der Wokeismus immer wieder mit gut sichtbarer Hand in öffentliche Diskurse ein. So gehört es beispielsweise mittlerweile zum guten woken

Ton, die Hautfarbe von Debattenteilnehmern zu nennen. Auch seriöse Radiosender oder Zeitungen weisen in Beiträgen zu Fragen des Rassismus mittlerweile standardmäßig auf die Hautfarbe ihrer Interviewpartner hin. Der Effekt solcher gezielten Indiskretionen untermauert die woke Dogmatik: Wird zu einer Position die Hautfarbe desjenigen, der sie vertreten hat, genannt, dann gilt dies im Wokeismus als Argument. Die Erbschuldlehre bildet dazu den Rahmen. Und weil niemand aus seiner historischen Rolle aussteigen kann, die Welt also in Erbschuldige und Erbopfer zerfällt, muss man die Debattenbeiträge nur noch darauf abklopfen, wer was gesagt hat, und schon ist deren Wahrheitsgeltung geklärt. Die Sprecher-Identität trumpft den Inhalt.

Identitätszugehörigkeit und Identitätsargument

Die Identifikation von Identitäten dient dem Wokeismus als Wahrheitsargument. Dazu bedarf der Wokeismus einer großen Erzählung von Gut und Böse sowie der identifikatorischen Zuordnung der jeweiligen Akteure zu der Gruppe der Guten oder der Gruppe der Bösen. Da „gut“ als „wahr“ und „böse“ als „unwahr“ deklariert ist, ist mit dieser Einteilung bereits alles entschieden. Die Statik des Systems von entweder gut oder böse erlaubt dann eindeutige und schnelle Bewertungen. Schnell geht's deshalb, weil sich niemand mehr mit komplexen und komplizierten Begründungen beschäftigen muss, da sie, wenn sie von Vertretern böser Identitäten kommen, ohnehin den wertlosen Charakter von Verteidigungsreden haben. Wertlos sind solche Verteidigungsreden, weil die geschlossene Dogmatik keine Veränderung und keine Entwicklung vorsieht. Wer sich kraft seiner Identität auf der bösen Seite befindet, beispielsweise weil er ein „weißer, alter Mann“ ist, oder schlicht, weil er „Mann“ ist, was nur die Kurzform von „toxischer Männlichkeit“ ist, der kann so viel reden wie er will, der kann so komplex argumentieren, wie er vermag, seine Identität vermag er nicht zu wechseln und damit auch nicht seiner Schuld zu entkommen.

Diese Gesprächsverweigerung mag zunächst überraschen, ist der Wokeismus doch ein ausgesprochen wortintensives System und seine Frontleute verfügen häufig über geistes- oder sozialwissenschaftliche Ausbildungen, die nicht gerade bekannt dafür sind, um Worte verlegen oder Debatten abgeneigt zu sein. Zumindest letzteres ist indes nicht der Fall. Die vielen Worte, welche im Namen des Wokeismus produziert werden, dienen weniger dem Austausch und der Kommunikation als vielmehr der eindeutigen Ansage. Daher lässt der Wokeismus auch an den großen und entscheidenden Einteilungen nicht wackeln. Dass der Wokeismus hier starr ist, liegt in seinem Konstruktionsplan, der auf Antagonismen, die sich feindlich gegenüberstehen, aufgebaut ist.[42] Ohne diese Gegenüberstellung, die sich im Freund-Feind-Schema und im Gut-Böse-Gegensatz manifestiert, würde der Wokeismus gar nicht funktionieren und mit dieser Gegenüberstellung manifestiert er bleibend seinen Ursprung aus der Schuld.

Die Identifikation von Täter-Kollektiven, die starr gedacht werden und aus denen man auch nicht durch tätige Reue und Buße aussteigen kann, sind deshalb für den Wokeismus von zentraler Bedeutung, weil es ohne Täter keine Schuld gibt. Es klingt paradox: Dem Wokeismus, der mit dem Anspruch angetreten ist, die Übel der Welt zu überwinden, und dazu Opfer identifizieren musste, sind die Täter letztlich wichtiger als die Opfer. Auf das Aufspüren und Kenntlichmachen von Täter-Identitäten verwendet der Wokeismus daher eine so große Anstrengung, weil sich ansonsten keine Schuld ausweisen ließe. Damit immunisiert sich der Wokeismus auch gegen eine existentielle Gefahr: die Verbesserung und Ent-Übelung der Welt. Denn die Tatsache, dass viele Formen von Ausbeutung und Entrechtung abgenommen haben,[43] ist für den Wokeismus bedrohlich, schrumpft doch damit nicht nur die Zahl der Opfer, sondern auch die der Täter. Dass diese Entwicklung den Wokeismus dennoch nicht in seiner Existenz bedroht, liegt daran, dass das historische Faktum solcher Verletzungen bestehen bleibt und sich damit immer Identitäten ausmachen lassen, die mit diesen Verletzungen in Verbindung gebracht werden können und sich damit, wiederum strukturell, Schuld- und Opfer-Identitäten generieren lassen.

Damit die großen Schuld-Erzählungen nicht nur im blutleeren Abstrakten bleiben, müssen sie immer mal wieder mit lebendigen Storys aufgepeppt werden. Die Abnahme der großen Übel ist dann auch deshalb keine Gefahr für den Wokeismus, weil er an die Stelle der großen Übel, welche durch große Aggression verursacht sind, die kleinen Übel, welche durch kleine Aggression verursacht sind, gestellt hat. Die Mikroaggressionen verbessern für den Wokeismus die strategische Lage sogar angesichts abnehmender Makroaggressionen. Denn während man über Makroaggressionen schlecht reden kann, ohne dass die Folgen solcher Aggressionen irgendwie sichtbar sind, ist das bei Mikroaggressionen gerade umgekehrt. Gerade weil sie klein sind, kann man sie kaum sehen und gerade deshalb muss es genügen, wenn jemand sagt und klagt, dass er Opfer einer solchen Aggression geworden sei. Mit dem Begriff der Mikroaggression lässt sich desweiteren die Zahl der Opfer enorm ausweiten, genügt es doch, dass jemand sich selbst zum Opfer erklärt.

Identitätspolitisch bedeutet das, dass das Opfer Recht hat, weil es Opfer ist, und Opfer ist, wer einer Aggression, wie klein auch immer sie ist, ausgesetzt war. Da tendenziell jeder jederzeit Opfer einer Mikroaggression sein kann, – ein möglicherweise abschätziger Blick, eine möglicherweise abschätzige Intonation in der Ansprache, eine möglicherweise bewusst nicht aufgehaltene Lift-Türe –, kann alles als ein Angriff auf die eigene Person dargestellt werden. Und da jeder Mensch identitätspolitisch zugeordnet wird, wird aus diesen kleinen Angriffen schnell ein ganz großer. Ob dies auch real der Fall ist, das ist dem subjektiven Empfinden der Betroffenen überlassen.

Ob damit ein neues Opfer generiert wurde, dem der Wokeismus auch beispringen muss, das ist jedoch nicht ins subjektive Empfinden gelegt, ist das doch abhängig von den identitätspolitischen Einteilungen des Wokeismus. Klagt jemand, der vom Wokeismus zu einem strukturell benachteiligten Kollektiv gerechnet wird, dann handelt es sich um ein großes Unrecht. Ist der Beschwerdeführer Mitglied eines historischen Täter-Kollektivs dann gilt genanntes Verhalten höchstens als bedauerliche Unachtsamkeit, möglicherweise ist aber dem Kläger auch eine bewusste Provokation vorzuwerfen, mit dem er als Profiteur struktureller Gewalt sich über *seine* Opfer auch noch lustig machen will.

Die *Partikularisierung* der Welt, welche die Identitätspolitik des Wokeismus betreibt, geht damit zwangsläufig mit der Verabschiedung des *Universalismus* einher. Das müsste nicht sein, stellen Partikularismus und Universalismus einen je unterschiedlichen Fokus dar, ohne in Konkurrenz zueinander treten zu müssen. So stellt die Nachbarschaft eine partikulare Gemeinschaft innerhalb der großen Gemeinschaft des Staates dar und dieser wiederum ist eine partikulare Gemeinschaft innerhalb der universalen Weltgemeinschaft. In Konkurrenz geraten beide Beschreibungen erst dann, wenn sie nicht deskriptiv, sondern normativ verwendet werden. Wer beispielsweise behauptet, die Dorfgemeinschaft habe als Dorfgemeinschaft ein höheres Recht als der Staat, der hat den Partikularismus verallgemeinert und in Konkurrenz zum Universalismus gebracht. So arbeitet auch der Wokeismus: Er stellt Partikular-Identitäten in normative Konkurrenz zu anderen Partikular-Identitäten. Das so entstehende Patt verhindert der Wokeismus, in dem er die Identitäten mit unterschiedlichen Geltungsansprüchen ausstattet. Deshalb ist es aus Sicht des Wokeismus so wichtig, inhaltliche Aussagen oder Befindlichkeitsäußerungen mit der Autorschaft zu verbinden, um ihre Geltung bestimmen zu können. Und so wird letztlich das *Wer* wichtiger als das *Was*, die Herkunft des Sprechers wird wichtiger als das Argument.[44]

Wer oder Was?

Der Wokeismus, der sich den Kampf gegen Verletzungen auf die Fahne geschrieben hat und eine Welt anstrebt, in der alle Ungerechtigkeiten benannt und die Arbeit an deren Linderung begonnen wurde, muss all diese Übel identifizieren. Da die Zeit drängt, wählt der Wokeismus nicht den anstrengenden und zeitintensiven Weg der Analyse, sondern den flotten der Selbstauskunft oder den der *Verletzungsadressierung*. Für die Selbstauskunft steht der Wokeismus wie ein großes Sorgentelefon mit eingebauten Filtern zur Verfügung. Die Filter sind wichtig, damit auch wirklich nur jene Verletzungen oder Mikroaggressionen zur Meldung gebracht werden, die von Mitgliedern der vom Wokeismus anerkannten Opferverbände stammen. Dadurch werden Angehörige von Täterkollektiven herausgefiltert, da sie, als schuldige Täter, keine Opfer sein können.

Aus Sicht des Wokeismus ist die Zahl der Opfer um ein Vielfaches höher als die Zahl der Selbstauskünfte nahelegt. Da Menschen, wie der Wokeismus in paternalistischer Weise unterstellt, sosehr Opfer sein können, dass sie gar nicht wissen, dass sie Opfer sind, schreibt ihnen der Wokeismus ihren Opferstatus einfach zu. Die Verletzungsadressierung ist woke Pflicht und keine Entmündigung, da die Adressaten von Verletzungen ja bereits historisch entmündigt waren. Sie auf ihre Verletzung hinzuweisen, sie über ihren eigenen Opferstatus aufzuklären, ist vornehmste Aufgabe des Wokeismus. Mit der Verletzungsadressierung kommt dann das gesamte Programm in die Gänge: Es wird neue historische Schuld deutlich, es werden weitere Schuld-Identitäten identifiziert, die an sich arbeiten müssen und es werden sich weitere Opfer zu Wort melden. Der Wokeismus funktioniert dann als große Plattform, auf der ständig neue Täter und neue Vergehen sowie die Opfer und deren Verletzungen hochgeladen werden.

Sofern die Opfer aus den wokeismusamtlichen Opferverbänden stammen, haben sie das Recht auf ihrer Seite. Das Unrecht und die Verletzung, die diese Opfer melden, gelten kraft ihrer Opfer-Existenz als unzweifelhaft.

Da es kein Opfer ohne einen Täter gibt, sind die Verletzungsmeldungen identisch mit Schuldzuschreibungen und der Identifikation von Schuldigen. Von amtlich anerkannten Opferverbänden Beschuldigte gelten dem Wokeismus als schuldig. Solche Beschuldigte werden im System des Wokeismus nie angehört und jeder Versuch einer Verteidigung würde entweder eine sträfliche Ignoranz gegenüber „den Verhältnissen" von Macht und struktureller Gewalt oder aber den Versuch einer Vertuschung bedeuten: Beides muss der Wokeismus als Beweis der Schuld taxieren. Die historische Parallele, welche dieses Verfahren zur Hexenverfolgung aufweist,[45] wird der

Wokeismus ebenso zurückweisen wie die Behauptung, hier würde das Prinzip der Beweislastumkehr außer Kraft gesetzt. Beides trifft aus Warte des Wokeismus nicht zu: Die Perfidie der Hexenverfolgung trifft aus Sicht des Wokeismus ebenso wenig das wokesche Vorgehen, wie der Vorwurf der Beweislastumkehr. Wokeismus kann, so lautet die Verlautbarung, nicht mit der Hexenverfolgung verglichen werden, stammt diese doch aus einer hermetisch geschlossenen Kultur, die mit der Verfolgung missliebiger Personen Machtpolitik betrieb. Der Rechtsgrundsatz der verbotenen Beweislastumkehr verfehlt dem Wokeismus zufolge aber ebenso sehr die Sache. Denn der Wokeismus, der ja an den besonders fortschrittlichen Universitäten der USA und Europas entwickelt wurde, wird getragen von geisteswissenschaftlich gebildeten Leuten, die sich selbst weder in einer geschlossenen Kultur sitzend noch als rechtsphilosophisch rückständig betrachten. Im Gegenteil: Wenn der Wokeismus die Klagen der von ihm anerkannten Opferverbände als Schuldbeweis der Beschuldigten nimmt, dann müssen diese schuldigen Beschuldigten nicht mehr angehört werden und die gegenteilige Forderung der Beschuldigten kann als Beweis ihrer Schuld, aber zumindest als ihrer Unkenntnis, gelten. Denn die meist gut gebildeten Exponenten des Wokeismus glauben über eine umfassende Kenntnis historischer Zusammenhänge von struktureller Gewalt zu verfügen, weswegen sie es für eine unverantwortliche Zeitverschwendung halten, sich auf die Verteidigungsanstrengungen der Angeklagten einzulassen. Deshalb kann man im wahrsten Sinne kurzen Prozess mit ihnen machen: dass sie schuldig sind, ergibt sich aus der gegen sie geführten Klage. Wenn man den Angeklagten noch einen Rat geben möchte, dann ist es der, ihre Schuld zu bekennen und sich zurückzuziehen. Tun sie das nicht freiwillig, werden sie gecancelt. Wenn sie dennoch ihre Schuld bekennen, wenn sie sich sogar in Selbstbezichtigung üben, dann geht es ihnen nicht anders als den Opfern religiöser oder politisch-totalitärer Inquisition: Sie beteiligen sich an dem unwürdigen Spiel ihrer Selbstvernichtung.

Aufklärung adé

Wäre der Wokeismus eine versprengte Minderheitenposition, wäre er nicht weiter der Rede wert. Auch müsste man sich nicht länger mit ihm aufhalten, wenn es den Wokeismus lediglich da gäbe, wo er entstanden ist, an den Universitäten. Denn Universitäten sind Spielwiesen intellektueller Möglichkeiten und sie bringen immer wieder die absonderlichsten Schulen hervor. Nun ist es aber so, dass der Wokeismus mittlerweile die diskursbestimmende Kraft in der westlichen Welt geworden ist: Er dominiert die Universitäten, er bestimmt politische Inhalte und er prägt das gesellschaftliche Leben. Diese Stellung hat der Wokeismus nicht allein auf Grund seiner Drohkulisse erlangt. Mittlerweile ist aber die Drohung mit gesellschaftlicher Vernichtung der Grund, warum nur noch eine Minderheit glaubt, die eigene Meinung noch frei sagen zu können.[46]

Am Anfang aber stand nicht Drohung, sondern Verlockung. Der Wokeismus lockte seine Anhänger mit der Verheißung, Gutes zu tun. Und dazu war es unvermeidlich, das Böse ausfindig zu machen, damit es bekämpft und aus der Welt geschafft werden konnte.

Als universitäre Kopfgeburt entdeckte der Wokeismus das Böse gleichsam in sich selbst, nämlich in der Kultur, die diejenigen, die später die woke Kulturrevolution zum Beruf machen sollten, geprägt hat. Und dies ist die Philosophie der

Aufklärung, also die Position, die sich so wenig wie keine andere eignet, um damit eine moderne Inquisition zu etablieren. Gleichwohl wird *die* Aufklärung immer wieder durch den Wokeismus vorgeführt, wenn es gilt, den Schuldigen am großen Unrecht in der Welt zu benennen. Schon das Argument „Europa" als Chiffre für die Unterwerfung und Bevormundung der ganzen Welt, klingt deshalb aus dem Munde von Woke-Aktivisten befremdlich, weil sie erstens mehrheitlich aus dem Projekt Europa hervorgegangen sind und zweitens nun dem Rest der Welt vorschreiben, wie die Welt zu interpretieren und wie über sie zu reden ist.

Somit vertritt und propagiert der Wokeismus genau die Attitüde, die er „Europa" vorwirft. Dieser Selbstwiderspruch zeigt sich auch im Verhältnis zur Aufklärung, steht diese Bewegung doch für die Kritik von Herrschafts- und Unterdrückungsverhältnissen. Dennoch muss sie im Wokeismus daran glauben, lässt sich mit der Attacke gegen die Aufklärung doch die beliebte woke Diskursform vom „alten weißen Europa" durchexerzieren.

Den Hass auf die Aufklärung kann man aber auch psychoanalytisch verstehen. Die Woke-Aktivisten, die an ihren us-amerikanisch-europäischen Universitäten durch die Schule der Aufklärung gegangen sind, wissen sehr gut, was Aufklärung ist und was sie nicht ist. Aufklärung, dieses Programm des Selber-Denkens, führt in eben diesem Akt notwendig zur Kritik und damit zur Dekonstruktion ungerechtfertigter Herrschaftsverhältnisse und ist somit die Voraussetzung zur Überwindung von Unrecht. Es stellt mithin eine Fehldeutung dar, wenn die Aufklärung für diese Übel verantwortlich gemacht wird; im Gegenteil lässt sich bereits aus Kants Aufklärungs-Aufsatz herleiten, dass die Welt nicht an zu viel, sondern an zu wenig Aufklärung leidet.

Dass der Wokeismus die Aufklärung zum großen Gegner erklärt, verwundert dann nicht: Vor dem *Gerichtshof* der Aufklärung hat der Wokeismus keinen Bestand: Während die Aufklärung zum selberdenken ermutigt, erlässt der Wokeismus Denk- und Rede-Richtlinien; während die Aufklärung auf die universale Vernunft setzt, propagiert der Wokeismus partikulare Befindlichkeiten; während die Aufklärung die Gleichheit aller Menschen betont, betont der Wokeismus Kollektive, während die Aufklärung auf Argumente setzt, setzt der Wokeismus auf die Herkunft der Sprechenden; während die Aufklärung Freiheit fordert, verlangt der Wokeismus Kontrolle; wo die Aufklärung die Religion zurückbindet, gründet der Wokeismus eine neue.

6. Die Vergangenheit des Wokeismus

Der vorliegende Essay hat sich kritisch mit einer kulturellen Bewegung auseinandergesetzt, deren Ende er bereits im Titel bezeichnet. Dem ist natürlich nicht so: Während der Autor an diesem Essay schrieb, stand der Wokeismus in voller Blüte, seine Macht schien schier grenzenlos, weitete er doch seine Sanktionsmaßnahmen immer weiter aus und ließ immer weniger Orte auf der Landkarte des allgemeinen Lebens, auf denen man sich unbedacht bewegen konnte, ohne Gefahr zu laufen, wegen eines Verstoßes gegen das ausufernde Regelwerk des Wokeismus gecancelt, und damit um seine bürgerliche Existenz gebracht zu werden.

Und dennoch hat die Analyse dieser Bewegung gezeigt, wie sie dynamisch daran arbeitet zur Vergangenheit zu werden. Das Aufdämmern des eigenen Untergangs lässt sich dabei am bereits heute sichtbar werdenden Untergang von Kernbeständen des Wokeismus beobachten. Dies zeigt sich beispielsweise, wie oben diskutiert, am Bedeutungsverlust des Antirassismus. Je mehr dieser in Form der Black-Lives-Matter-Bewegung vom Wokeismus vereinnahmt wird, umso mehr verliert er von seiner originären Bedeutung. So hat sich der woke Antirassismus längst vom ursprünglichen antirassistischen Kernanliegen des Kampfes gegen Entrechtung und Unterdrückung entfernt und sich stattdessen auf einen Sprachpurismus fokussiert, dem eine Änderung der realen Verhältnisse ziemlich egal ist. Fast hat man den Eindruck, dass es den Frontleuten der Bewegung um eine Änderung der gelebten Wirklichkeit gar nicht geht. Dafür spricht, dass der woke Antirassismus mit zunehmender gesellschaftlicher Präsenz seine Aussagen inhaltlich entleert.

Bei allen Projekten des Wokeismus geht es um Sprachpolitik, nicht um Realpolitik. So forcieren die Frontleute des Wokeismus eine gendersensible Sprache, ohne tarifvertragliche oder gesetzliche Geschlechterdiskriminierungen anzugehen, so wird eine woke Klimasprache etabliert, statt Alternativen zu einer auf grenzenloses Wachstum ausgerichteten Wirtschaft zu diskutieren, und so wird Kulturgut gecancelt, weil es angeblich die Stellung indigener Völker unterminiere, ohne sich auf einen Kampf gegen die globalisierte Weltwirtschaft einzulassen.

All das ist kein Zufall: Für das moralistische Sprachprojekt Wokeismus war Moral von jeher wichtiger als Ethik und das Reden wichtiger als sein Inhalt. In seiner woken Instrumentalisierung war es deshalb unvermeidbar, dass Antirassismus, Geschlechtergerechtigkeit, Klima und kulturelle Identität schließlich auf den Status von Chiffren reduziert werden würden.

Diese Chiffrierungen sollten für den Wokeismus düstere Omina sein, Warnzeichen, dass er sein deklariertes Ziel, Verletzungen zu verringern, nicht erreichen wird. Um diese Warnzeichen ernst nehmen zu können, dafür ist die woke Bewegung jedoch bereits zu weit fortgeschritten: Für den Wokeismus gibt es weder ein Zurück noch ein Innehalten. In seiner Dynamik treibt es ihn immer weiter voran und damit seiner Bedeutungslosigkeit entgegen.

Hier und da hat man den Eindruck, dass Exponenten des Wokeismus das Ende ihrer Bewegung schon erahnen und im Stile der aus dem Wirtschaftsleben bekannten Haltung der Gewinnmitnahme noch den letzten Schritt zum Abgrund tun.[47] Die Tugend-Revolution des Wokeismus wird deshalb, wie noch eine jede Tugend-Revolution sich selbst auffressen. Dieses Ende ist deshalb wahrscheinlich, weil der Wokeismus ohne permanente Selbst-Überbietung seine Daseinsberechtigung einbüßt. Es müssen daher ständig neue Empörungsanlässe gefunden werden, die dann auch immer neue Schuldige produzieren, was tendenziell alle und damit auch die Frontleute der Bewegung mit in den Schuldschlund reißen wird. Einen ersten Vorgeschmack auf die zu erwartenden Zerfleischungen bietet bereits heute die woke Klimabewegung.

Dieser Untergang einer einst dominanten Bewegung ist wenig überraschend, wenn man sich deren intellektuelle Fehlleistungen klar macht. Neben dem bereits verschiedentlich beobachteten Mangel an historischem Bewusstsein wirkt sich eine philosophische Unschärfe für den Wokeismus verheerend aus. Angetreten mit dem Anspruch, die Übel der Welt zu verringern, verwechselte der Wokeismus Moral mit Ethik. Und so geschah es, dass die Benennung von Übeln, was vom sprachlichen Vorgang her nichts anderes als eine Deskription ist, bereits als normatives Programm galt. Und so blieb man auf halbem Wege stehen, denn nach der Beschreibung der Welt und ihrer Übel müsste, wenn man diese Übel wirklich überwinden wollte, die Ethik einsetzen und auf ihr gründend, die Arbeit an den Verhältnissen. Das aber bedeutet die Mühsal von Begründung und Argumentation. Der Wokeismus, der von Beginn an als Hybrid aus Politik und Philosophie auftrat, entschied sich an dieser Stelle für die Politik, jedoch auch das nur halb. Anstatt sich auf das Bohren harter Bretter, was nach Max Weber die Politik ist, einzulassen, entschied sich der Wokeismus für den schnellen und kraftsparenden Weg: Er gab Parolen aus, formulierte Programme und wurde immer wieder persönlich.

Dieser Ansatz verhalf dem Wokeismus zu seinem Erfolg, verschaffte ihm mediale Aufmerksamkeit und Follower und machte ihn, diese universitäre Erfindung, schließlich auch attraktiv für alle anderen Gesellschaftsbereiche, allen voran wurde der Wokeismus Leitidee der Politik. Die Exponenten der Politik griffen den Wokeismus als Politik-Ersatz gerne auf, entlastete es sie doch von der anstrengenden Bretterbohr-Arbeit. Einmal in der Politik angekommen, war der weitere Aufstieg des Wokeismus nicht mehr zu stoppen. Für die Frontleute des Wokeismus, einige von ihnen mittlerweile mit lukrativen politischen Posten versorgt, hätte dieser Aufstieg jedoch auch Warnung sein können. Denn eine moralische Ideologie, die ohne theoretischen Unterbau – also Ethik – ist, verbreitet sich schneller als eine solche mit Unterbau (Ethik) – und geht genau an diesem Konstruktionsfehler wieder unter. Der Untergang kommt umso überraschender als der „moralisierende Dauerton“[48] zunächst von Anhängern wie von Gegnern als Siegesfanfare wahrgenommen wird.

Wenn mittlerweile auf der einen Seite immer mehr Menschen dem Wokeismus ablehnend gegenüberstehen und ihn für übergriffig halten weil er sie mit zunehmend ausgefeilten Regeln tyrannisiert und auf der anderen Seite die Vertreter des Wokeismus sich missverstanden fühlen, weil es ihnen doch nur um das Gute gegangen sei, so haben beide Recht: Auch wenn auf Seiten des Wokeismus keine böse Absicht vorliegen mag, den Menschen das Leben zu vergraulen, sie zu bevormunden oder zu bestrafen, so geschieht dennoch genau dies. Und das ist Folge des „angespannten Politmoralismus“,[49] wie ihn der Wokeismus vertritt und dessen eigenes Opfer er inzwischen geworden ist. Denn der Wokeismus kann sich schwer zurücknehmen, ist doch die Gefahr groß, dass jedes Zurückweichen seine Glaubwürdigkeit unterminiert.[50] Daher befördern manche Woke-Aktivisten die Moralisierung ohne ethische Rücksichtnahme, markieren beispielsweise Safe-Spaces und machen damit den Rassismus wieder zur offiziellen Doktrin, selbstverständlich ohne dass diese Maßnahme rassistisch genannt werden darf.

Es ist schwer vorauszusehen, wie die Zeit nach dem Wokeismus aussehen wird. Kann man an die Aufklärung anknüpfen oder ist das Projekt von universellen Rechten, das nicht nach der Herkunft der Rechteträger differenziert und alle Menschen als gleich ansieht durch den Wokeismus nachhaltig beschädigt worden?

Aufklärung und Wokeismus, liberaler Geist und Cancel-Kultur, das sind unversöhnliche Gegensätze. Wenn dennoch die Aufklärung durch die kurze Herrschaft des Wokeismus nachhaltig beschädigt sein sollte, so wird das daran liegen, dass die Aufklärung in der Zeit ihrer Bedrohung durch den Wokeismus von vielen so schnell aufgegeben wurde: Ausgerechnet die gut Gebildeten in der westlichen Welt diskreditierten das Projekt, das von Europa aus als das große Befreiungsprojekt ausgegangen ist, als „europäisch“ in dem schlechten Sinn des Wortes, den der Wokeismus damit verbindet, also als Ausgeburt von Ungerechtigkeit und Unterwerfung. Auch hier zeigten die Exponenten des Wokeismus eine Geschichtsblindheit gigantischen Ausmaßes,[51] die von den Anhängern der Bewegung geradezu frenetisch begrüßt wurde. So konnte man seine „Modernität“, die in Wahrheit eine *Post*-Modernität war, beweisen, in dem man allem „Europäischen“ den Kampf ansagte. Und so demonstrierten die Anhänger und Mitläufer des Wokeismus für eine Verbannung der Aufklärung aus den Lehrplänen und kamen sich dabei wie Widerstandskämpfer für die gute Sache vor, wenn sie Autoren, die mit großem Mut ihr Programm von Freiheit und Gleichheit gegen reaktionäre

Eliten verteidigt hatten, nun in den Mülleimer der Geschichte entsorgten. Dass all dies von der Mehrheit einer „neuen Schweigespirale“ [52] ohne Murren begleitet wurde, lässt für die Zukunft nichts Gutes erwarten. Der schweigenden oder kleinlauten Mehrheit war die Aufklärung es nicht Wert für sie einzutreten und vom Mut, den Kant zur Bedingung der Aufklärung erklärte, war erst recht wenig zu sehen.

Anmerkungen

1 So die genderkonforme Bezeichnung der deutschen Tagesschau für eine Mutter, siehe BILD: Tagesschau streicht das Wort „Mutter", 1. April 2023, www.bild.de/politik/inland/politik-inland/

2 Zu solchen Entwicklungen im Bereich der Hochschulen, siehe Ulrike Ackermann 2022, S. 32–37 und Konrad Paul Liessmann 2023; zu jenen im Kulturbetrieb, siehe Bernd Stegemann 2023, S. 54–58.

3 Neue Zürcher Zeitung 2023a.

4 Alexander Grau 2017, S. 109.

5 Arthur Schopenhauer 1840, S. 471.

6 Arthur Schopenhauer 1840, S. 471.

7 Im Original auf lateinisch: „Neminem laede; imo omnes, quantum potes, juva." Arthur Schopenhauer 1840, S. 493.

8 Arthur Schopenhauer: „Halte ich mich moralisch gerechtfertigt, Einem das Leben zu nehmen; so ist es Dummheit, es jetzt noch erst darauf ankommen zu lassen, ob er etwan besser schießen oder fechten könne, als ich; in welchem Fall er dann, umgekehrt, mir, den er schon beeinträchtigt hat, noch obendrein das Leben nehmen soll." (1851, S. 384f.).

9 Zu der vom Wokeismus entfachten Dynamik von Gut und Böse, siehe Bernd Stegemann 2023, S. 21.

10 Zur Beweislastumkehr, siehe Norbert Bolz 2023, S. 56.

11 Richard Thaler; Cass Sunstein 2008.

12 Diejenigen, die von der Wahrheit abweichen, müssen bestraft werden, wie Karl Popper den Anspruch von

Wahrheits-Macht-Systemen beschreibt, siehe ders.1945, S. 165f.

13 Den Ausspruch „Die Revolution frisst ihre Kinder“ tat der französische Girondist Pierre Vergniaud (1753–1793) auf dem Schafott, siehe Helge Hesse 2008, S. 182.

14 So etwa die Spitzenkandidatin der Berliner Grünen, Bettina Jarasch, die sich öffentlich für ihre Äusserung beschuldigte, als Kind gerne «Indianerin» geworden zu sein (siehe Jens Balzer 2022, S. 9). Für Exponenten des Wokeismus bedeutet sowohl die Bezeichnung «Indianer» einen Fauxpas in kolonialistischer Tradition als auch bereits der kindliche Wunsch, ein anderer, und zwar jemand aus einem Opfer-Kollektiv, sein zu wollen, ein No-Go darstellt.

15 John McWhorter 2021, S. 79.

16 So wurde beispielsweise nach dem Terrorangriff der Hamas gegen Israel das Händel-Oratorium Saul gecancelt, siehe Frankfurter Allgemeine Zeitung, 27. Oktober 2023.

17 Neue Zürcher Zeitung 2022.

18 So Michel de Corteau 1980, S. 19 zitiert bei Hans-Peter Hahn 2011, S. 13.

19 Siehe die beeindruckenden Beobachtungen von Jean Comaroff 1996, S. 29–30, zitiert bei Hans-Peter Hahn 2011, S. 14.

20 Hans-Peter Hahn 2011, S. 15.

21 So wurde die Biologin Marie Luise Vollbrecht nicht nur daran gehindert, einen Vortrag über die Binarität in der Biologie zu halten, die Berliner Humboldt-Universität schützte ihre Doktorandin auch nicht gegen die massiven Shitstorms und erweckte so den Eindruck, dass die Beschuldigte die Schuldige sei, siehe Arnd Diringer 2023. Der Philosophie-Professorin Kathleen Stock wurde we-

gen der gleichen Position an der Universität Sussex gekündigt, siehe Konrad Paul Liessmann, S. 128. Zur Debatte um die universitäre „Einladungspolitik", siehe Romy Jaster/Geert Keil 2022.

22 Zur Kritik an der Karl May-Verehrung und dem Indianer-Kult, siehe Jens Balzer 2022, S. 7–9; zur Auseinandersetzung mit den Vorwürfen des Wokeismus gegenüber der Person und dem Werk Karl Mays, siehe Thomas Kramer 2023.

23 Susan Scafidi 2005, S. 14f. Den Hinweis auf Scafidi verdanke ich Jens Balzer 2022, S. 14.

24 François Jullien 2021, S. 34: „A culture that no longer transforms is a dead culture."

25 François Jullien 2008, S. 193.

26 Karin Lauermann 2018, S. 419.

27 Siehe Norbert Bolz 2023, S. 51; John McWorther 2021, S. 167.

28 Bernd Stegemann 2023, S. 64ff.

29 Siehe dazu die Argumentation von Paul Robeson, der in der ersten Hälfte des 20. Jahrhunderts in den USA als Sportler, Sänger und Rechtsanwalt für die Würde der Schwarzen stritt, siehe Vincent Lloyd 2022, S. 1–2.

30 Vincent Lloyd 2022, S. 5.

31 Christopher J. Lebron 2023, S. 167.

32 Vincent Lloyd 2022, S. 95.

33 Siehe die Kritik am inflationären Narrativ von Manfred Schneider 2017.

34 Dies sind zwei der vielfachen Engagements der Gleichstellungs-Aktivistin Marlies Krämer dies. 2003.

35 Anne Wizorek; Hannah Lührmann 2018, S. 42.

36 Anne Wizorek; Hannah Lührmann 2018, S. 27: „Kultur, auch wenn es möglich ist, sie auf bestimmte Ideologien

(…) zu untersuchen, ist nie einfach nur Ausdruck von Ideologie. Wer sie so behandelt, ideologisiert selbst."

37 Johanna Usinger 2023, S. 80; das den Exponenten des Wokeismus es auch hier wieder an historischem Bewusstsein mangelt, zeigt sich an der Ersetzung von „Bürgerrechte" durch „Rechte der Staatsangehörigen", obwohl Bürger und Staatsangehörige nicht identisch sein müssen; ebenfalls zeugt es von mangelnder Sprachkenntnis, wenn man „mannshoch" durch „lebensgroß" ersetzt. Diese und viele weitere zum Teil ungewollt lustige Vorschläge finden sich im Glossar des Buches von Usinger.

38 Exemplarisch ist hier die Ethik der Moral von Anatol Stefanowitsch, der eine Sprachanleitung geschrieben hat, mit der sich die „Mehrheit der Nichtdiskriminierten auseinandersetzen" müsse (ders. 2018, S. 8). Diese Schrift irritiert auch, wenn sie viele inkriminierte Begriffe nur in wirren Abkürzungen benennt, zugleich aber Begriffe, die der Autor rechtspopulistischen Parteien zuschreibt, veröffentlicht, die von solcher Widerwärtigkeit sind, dass einen der Verdacht überkommt, der Autor gebe sie hier in ergötzlicher, sadistischer Weise zum Besten (ders. 2018, S. 9–10).

39 So achtet Volkswagen beispielsweise nicht nur darauf, wo sie in Regenbogenfarben auftreten (beispielsweise in Westeuropa), sondern vor allem auch, wo sie dies tunlichst unterlassen (nämlich in Saudi-Arabien), siehe https://www.news38.de/wolfsburg/vw/article232646415/vw-regenbogen-wolfsburg-em-twitter-instagram-saudi-arabien-lgtb.html In dem Zusammenhang spricht man analog zum gleichfalls auf eine starke Moralisierung der Gesellschaft reagierenden Greenwashing vom Woke-Washing, siehe Francesca Sobande 2019.

40 Alexander Grau 2021, S. 49.

41 Vielleicht gibt es ja eine Herablassung, die gut gemeint ist; dennoch ist sie Herablassung und das Gegenteil von Respekt, wie John McWhorter eindrücklich beschreibt, siehe ders. 2021, S. 152–154.

42 Das Freund-Feind-Schema ist für den Wokeismus konstitutiv, siehe Bernd Stegemann 2023, S. 91.

43 In diesem Befund stimmen überein Bernd Stegemann 2023, S. 95 und Norbert Bolz 2023, S. 12.

44 Dies hat an den Universitäten schon länger zu einer Verengung des Diskurses und Formen von Fremd- und Selbstzensur geführt, siehe Ulrike Ackermann 2022, S. 9.

45 Siehe Bernd Stegemann 2023, S. 85.

46 Siehe Ulrike Ackermann 2022, S. 15.

47 Siehe die einseitige Parteinahme von Greta Thunberg zu Gunsten der Hamas, siehe Der Spiegel 47/2023.

48 So beschrieb Hermann Lübbe das für alle totalitär werdenden Regime typische Sprachgemurmel, ders. 1987, S. 26.

49 Siehe Hermann Lübbe 1987, S. 43.

50 So erlitt der Tagesspiegel, der mit großem pädagogischem Getöse den Genderstern in seine Texte einbaute und dies sogar als menschenrechtlichen Akt deklarierte, eine Flut von Abo-Kündigungen und auch noch den Spott der von ihm als rückständig bezeichneten Konkurrenz, als er unter den Einnahmeeinbußen den Genderstern wieder verbannte, siehe Neue Zürcher Zeitung 2023b.

51 Zu den vollkommen unbegründeten und falschen Vorwürfen gegen die Aufklärung siehe Susan Neiman 2023, S. 45–47.

52 Ulrike Ackermann 2022.

Literatur

Ackermann, Ulrike (2022): Die neue Schweigespirale. Wie die Politisierung der Wissenschaft unsere Freiheit einschränkt. Darmstadt.

Balzer, Jens (2022): Ethik der Appropriation. Berlin.

Bolz, Norbert (2023): Der alte weiße Mann. Sündenbock der Nation. München.

De Certeau, Michel 1980: L'invention du quotidien. Vol. 1: Arts de faire, Paris: Union Generale d'Editeurs.

Comaroff, Jean 1996: The Empires Old Clorhes. Fashioning the Colonial Subjects. In: Howes, D. (Hg.), *Cross Cultural Consumption. Global Markets, Local Realities*. London: Routledge, S. 19–38.

Diringer, Arnd (2023): Marie-Luise gegen Goliath. In https://www.welt.de/debatte/kommentare/ (04.08.2023).

Frankfurter Allgemeine Zeitung: Cancel Culture: Händels Oratorium ist unzumutbar. 27. Oktober 2023.

Grau, Alexander (2017): Hypermoral. Die neue Lust an der Empörung. München.

Grau, Alexander (2021): Woker Kapitalismus. Es wächst zusammen, was schon immer zusammen gehörte. In *Der Spiegel*, Nr. 48, 27.11.2021, S. 48–49.

Hahn, Hans-Peter (2011): Antinomien kultureller Aneignung. Eine Einführung. In *Zeitschrift für Ethnologie* 136 (2011), S. 11–26.

Hesse, Helge (2008): Hier stehe ich, ich kann nicht anders. In 80 Sätzen durch die Weltgeschichte. München 2008.

Jaster, Romy; Geert Keil (2022): Replik: Tugendbezogene Einladungspolitik zwischen allen Stühlen. In *Deutsche Zeitschrift für Philosophie*, 2022; 70 (3), S. 523–539.

Jullien, François (2008): Das Universelle, das Einförmige, das Gemeinsame und der Dialog zwischen den Kulturen. Berlin 2009.

Jullien, François (2021): There is no such thing as Cultural Identity. Cambridge.

Kramer, Thomas (2023): Karl May im Kreuzfeuer. Leipzig.

Krämer, Marlies (2003): Wirbel im Blätterwald. Gesammelte Wortmeldungen. St. Ingbert.

Lauermann, Karin (2018): In Hans-Uwe Otto, Hans Tiersch (Hg.): *Handbuch Soziale Arbeit.* München 2018, S. 417–425.

Lebron, Christopher J. (2023): The Making of Black Lives Matter. New York.

Liessmann, Konrad Paul (2023): Der befleckte Geist. Cancel Culture und die Moralisierung des Gedankens. In *Canceln. Ein notwendiger Streit.* München 2023, S. 127–146.

Lloyd, Vincent (2022): Black Dignity. The struggle against domination. New Haven.

Lübbe, Hermann (1987): Politischer Moralismus. Der Triumph der Gesinnung über die Urteilskraft. Berlin.

McWhorter, John (2021): Die Erwählten. Wie der Antirassismus die Gesellschaft spaltet. Hamburg 2023.

Neiman, Susan (2023): Links ≠ woke. Berlin.

Neue Zürcher Zeitung (2022): Dreadlocks verboten. Der Feldzug gegen kulturelle Aneignung verkennt die Musikgeschichte. 19. August 2022, S. 1.

Neue Zürcher Zeitung (2023a): Kein Zutritt für Weiße. Kolonialismus-Ausstellung samstags nur für People of Color geöffnet. 1. September 2023, S. 29.

Neue Zürcher Zeitung (2023b): Schluss mit Gender-Stern. Nach Abo-Kündigungen knickt der «Tagesspiegel» ein. 29. November 2023, S. 31.

Popper, Karl (1945): Die offene Gesellschaft und ihre Feinde. Bd. 1: Der Zauber Platons. Tübingen 1992.

Scafidi, Susan (2005): Who Owns Culture? Appropriation and Authenticity in American Law. New Brunswick.

Schneider, Manfred (2017): Das närrische Narrativ. In *Neue Zürcher Zeitung*, 8. Mai 2017, S. 8.

Schopenhauer, Arthur (1840): Preisschrift über die Grundlage der Moral. In: Werke in fünf Bänden, Bd. IV. Zürich 1998.

Schopenhauer, Arthur (1851): Aphorismen zur Lebensweisheit. IV. Was einer vorstellt. In: Werke in fünf Bänden, Bd. IV. Zürich 1998.

Sobande, Francesca (2019): Woke-Washing: intersectional femvertising and branding woke bravery. In *European Journal of Marketeing* 54 (11), S. 2723–2745.

Spiegel (2023): Die Greta-Frage. Der Spiegel, 47 (2023).

Stefanowitsch, Anatol (2018): Eine Frage der Moral. Warum wir politisch korrekte Sprache brauchen. Berlin.

Stegemann, Bernd (2023): Identitätspolitik. Berlin.

Thaler, Richard H.; Cass R. Sunstein (2008): Nudge: Wie man kluge Entscheidungen anstößt. Berlin 2017.

Usinger, Johanna: Einfach Gendern. Berlin 2023.

Wizorek, Anne; Hannah Lühmann (2018): Gendern. Gleichberechtigung in der Sprache. Ein Für und ein Wider. Berlin.